U0111691

大展好書　好書大展
品嘗好書　冠群可期

大展好書　好書大展
品嘗好書　冠群可期

武術特輯
47

武　當
趙堡太極拳小架

鄭悟清／傳授

鄭　瑞
　　　　／編著
譚大江

大展出版社有限公司

武當趙堡太極拳著名拳師鄭悟清（1895～1984）

太極拳師鄭悟清先生紀念碑

一八九五——一九八四

先生字鳳臣河南溫縣趙堡人幼從藝師讀賦性聰惠十六歲以家貧慨讀從實學達是時軍繁負重日夜操芳終因先天不足羸弱

積成痼疾延醫無效奄奄不起值本鎮太極拳第九代名師和慶喜遇此立志鑽研鍥而不捨朝夕悟在心內會在身中持之以久歉會貫通悉雅太

之年欣然度心迄求身體力行未三月而霍然病愈從此立志鑽研鍥意趣環生有人所不知而己獨知之妙邃以高超拳藝名噪

梅之貞歸造詣榮嶺而得練其奉法超出眾外得環中復化雲譎波詭意趣環生有人所不知而己獨知之妙

武壇　先朱燾光大繼育強身事業始破趙堡單錢傳之規傳授蓋廣日寇禍華因生計轉徙陜西

先生後授藝四十餘載從學者通及各行各業脫穎者不許其數西北各武林名家敬仰先生絕倫慕藝且多在門下受

教誨益　先生為人軒昂品格峰嵸西北諸弟子在先生言傳身教慈德熏陶之下各有心得

福無疾而終諸弟子感念恩師拳風立碑永誌

先生之德草然不朽　先生之澤終世永銘

先生於一九八四年在原

國內外諸弟子敬立

目　錄

前　言……鄭瑞 ……………………………………… 7

第一章　太極拳源流概述 ……………………… 13

第二章　趙堡太極拳源流 …………………………… 17

第一節　歷代傳人傳略 …………………………… 18
第二節　鄭悟清略傳 ……………………………… 23
第三節　鄭悟清傳授的主要弟子名單 …………… 26
第四節　歷代傳承情況 …………………………… 26

第三章　趙堡太極拳理論體系 ………………… 29

第一節　原理圖 …………………………………… 29
第二節　王宗岳論太極拳（據傳） ……………… 30
　一、太極拳論 …………………………………… 30
　二、打手歌 ……………………………………… 31
　三、太極拳十三勢歌 …………………………… 31
第三節　九要論 …………………………………… 32
　一要論 …………………………………………… 32
　二要論 …………………………………………… 33

三要論 ……………………………………… 34

四要論 ……………………………………… 34

五要論 ……………………………………… 35

六要論 ……………………………………… 36

七要論 ……………………………………… 37

八要論 ……………………………………… 37

九要論 ……………………………………… 38

第四節　名家詮釋太極拳 …………………… 39

一、陳清平解總論附歌及打手歌 …………… 39

二、和兆元論耍拳 …………………………… 40

三、和慶喜耍拳解 …………………………… 41

四、鄭悟清談太極拳技藝 …………………… 42

第五節　秘典殘卷今重光 …………………… 45

《太極秘術》序 …………………………… 47

《太極秘術》原序 ………………………… 47

（殘訣） …………………………………… 48

太極拳道 …………………………………… 49

太極拳說 …………………………………… 50

太極拳秘傳 ………………………………… 51

太極丹功義詮 ……………………………… 52

太極丹功要術 ……………………………… 54

《太極秘術》殘本評述 …………………… 55

第四章　趙堡太極拳傳授方法 …………… 63

第一節　因人施教 …………………………… 63

第二節　學分四期 …………………………… 64

第三節　拳勢套路 ……………………………………… 67

第五章　趙堡太極拳用功形式 …………………… 69

第一節　站功 ……………………………………………… 69
第二節　坐功 ……………………………………………… 70
第三節　臥功 ……………………………………………… 71
第四節　行功 ……………………………………………… 71
第五節　拳功 ……………………………………………… 72

第六章　趙堡太極拳技術套路 …………………… 73

第一節　動作名稱 ………………………………………… 73
第二節　七十二式分解 …………………………………… 75

第七章　趙堡太極拳推手概述 …………………… 177

第一節　推手方法 ………………………………………… 178
第二節　技擊原則 ………………………………………… 178
第三節　內勁運用 ………………………………………… 180

第八章　趙堡太極拳知識問答 …………………… 195

第九章　太極拳漫談 ………………………………… 201

第一節　太極拳是怎樣產生的 ………………………… 201
第二節　太極拳為什麼稱內家拳 ……………………… 208
第三節　太極拳為什麼要、為什麼能建立在養生
　　　　基礎上 ………………………………………… 214
第四節　張三豐及其太極丹功體系 …………………… 216

一、張三豐太極拳名稱與圖示 ……………… 218

二、太極十要訣 ………………………………… 219

三、太極拳十三勢歌及打手歌訣 …………… 220

四、太極拳法訣 ………………………………… 220

五、太極四季功 ………………………………… 221

六、太極早功法 ………………………………… 222

七、太極午功法 ………………………………… 222

八、太極晚功法 ………………………………… 223

九、太極行功法 ………………………………… 224

十、太極打坐訣 ………………………………… 225

十一、太極玉液法 …………………………… 225

十二、太極合道法 …………………………… 226

十三、太極金液法 …………………………… 227

十四、太極超凡法 …………………………… 228

十五、太極長生法 …………………………… 229

第五節　對《張三豐太極煉丹秘訣》評述 ………… 231

第六節　「以技擊爲末學」是不是忽視太極拳的

　　　　技擊作用 ……………………………… 238

一、「不敢為天下先」的戰略思想 ………… 239

二、「後發先至」的戰術原則 ……………… 240

三、「輕靈圓活」的技擊方法 ……………… 241

四、「貴化不貴抗」的技擊效果 …………… 243

五、「一層功夫一層水平」的技擊效應 ………… 244

第七節　「突出技擊作用」是不是太極拳的目的 … 246

後　記……譚大江 …………………………………… 249

第 **1** 章

太極拳源流概述

　　太極拳創始最早應是道家始祖老子。此因太極拳歷代師傳之史記有歌曰：「太極之先，天地根源。老子設教，庶子真傳。玉皇大帝，正坐當筵。帝君真武，列在兩邊。三界內外，億萬神仙。傳於此術，教成神仙。」古人傳藝數典而不忘祖，甚至有「言祖不言師」之說，可知此史傳不謬。古之老子將道傳給庶子尹喜，實為入世之法。

　　尹喜得道功成後，將道傳給弟子尹軌。尹軌早年精星占術，後發展成道教「樓觀派」。然尹軌得道後隱修武當不出，遂傳猶龍一脈。

　　時至東漢，金母將伏羲所演太極八卦先天之靈文及老子所傳《道德經》合作「復性之命」的大丹之秘旨，默授青州王玄甫，甫傳正陽祖師鍾離權（即漢鍾離）。至唐朝武后天授二年（公元 691 年），鍾離權又傳純陽祖師呂洞賓，後又傳五代時燕國宰相劉操（即劉海蟾）。操度八十三歲張伯瑞，遂開南宗一派。

　　宋太祖時，呂祖、海蟾、麻衣遊華山，時遇陳摶自武當山移此修煉，因傳出神法，陳摶遂仙去。南宋高宗時，鍾、呂二師度重陽祖師王孚中，王師又度成道教北派七真。北派七真以邱處機大開普度之門，後傳宋披雲等四人。宋於元朝

成宗時傳道於李太虛，太虛授張紫瓊，紫瓊授趙緣督，緣督授陳致虛。此脈以後不可詳考。

老子之《道德經》，實為太極拳理論之靈魂。而太極拳當為古之道家丹術之動功，其玄奧不可窺其始終，其博大不可覽其遐邇，易則極易，難則極難。非難不易，以易見難。初視者，或如萬丈瓊崖沒有階梯，仰望興嘆，無法攀登；或若一杯淡水毫無滋味，又為無眼力人不屑一顧，嗤之以鼻。然於有悟性者，能持之以恆者，鍥而不舍，循序漸進，亦當能登堂入室，漸得其妙，受益終身。

有宋末元初人張三豐者，字君實，遼東懿州人，訪道參玄，遍遊名山大川，凡三十年終無所得。但因遊旅防身所要，亦精武林之技。

於元延佑元年（公元 1314 年）入終南山，時六十七歲，遇陳摶弟子火龍真人傳授至道，混俗民間十年煉性。泰定甲子（公元 1324 年）春，南登武當山，隱形潛修九年。其學識淵博，精通儒、釋、道三教之理，融會貫通，成著甚多，後人集其著成《張三豐全書》。

三豐祖師在武當山由元至明，歷次潛修達數十年。修道之暇深研養生與技擊合而為一的太極拳運身之理，遂將外家拳「復而翻之」，又集民間之武術精粹，結合道家前輩的太極養生與技擊秘法，終於創造出以靜制動、以柔克剛的太極拳。因其理法完備無瑕，遂以「武當內家拳」稱名於世。

太極拳由三豐祖師始有系統理論文字留世，從此為後人開創了可供追求、攀登的途徑。它以其養生的極高價值，「不圖技擊之末」，而成為造福人類的中國優秀傳統文化之瑰寶。

太極拳自問世之日起，因其文化內涵豐富而優越，就一直呈現出頑強不息的生命活力。歷代不乏傳人，迄今已有數百年的歷史。

張三豐祖師，研悟武當派內功至深至廣，論著頗豐。具體功能，各有特點，太極拳為其一。然觀其各功，理歸一道，無非由淺入深之分解、一動一靜之分解而已。太極拳，內丹之動功也。武當內丹靜功，也當為太極拳所習之靜功。道家養生，此「動靜」之分，乃從形外而言。實靜功有內動，動功有內靜。

名可分，其實不可分也。然此一道流入社會，竟有不得其旨者，專以技擊為能事，不獨失德，也已早逝喪生。雖此逆道者不多見，亦誠可悲矣！

三豐祖師後的接承太極拳者，一為陝西王宗。王宗時由寶雞跟隨祖師至武當，學藝功成後，即開始傳太極拳藝術，首傳浙江溫州陳州同，州同之後，代不乏人。有張松溪為其著者，後人稱之為太極拳南派，亦有稱為松溪派。《寧波府志》記述有傳遞情況。但此派理法，據今所知，已無原始文字傳載。

一為北方太極拳流派。有史記述，北派太極拳為山西省陽城縣（一說太谷縣）王宗岳夫子所承。王之師為一雲遊道人。道人未留姓名，亦未留道號，或為三豐祖師，或為三豐祖師之徒子、徒孫，使後人不得考證。此事實為道門無為之為，造成史缺，實為太極拳史上一大憾事。

幸王宗岳夫子有心於後人，留論著詳細闡述三豐祖師創揚太極拳之論證，並分解其姿勢套路，寫出他作為張三豐太極拳繼承人的心得體會，方為太極拳自張三豐始而留傳和發

展之鑿鑿史記。承藝思源，王宗岳夫子實為北派太極拳的功
勳宗師，而為後人所銘記。

第 2 章

趙堡太極拳源流

趙堡鎮位於河南省西北邊緣之溫縣東，與山西省東南晉城鄰近，處黃河下游之濱，文化歷史悠久。有史記載，趙堡鎮係列國時代趙國之邊陲。南有黃河汜水古渡，北有太行山脈，西鄰孟州王屋山，東望華北平原，為古兵家所爭之交通要塞。雄踞在牛角川中心地帶的青風嶺上，先有金銀冢，後有趙堡鎮。冢高二十多公尺，土係黃白兩色。古時冢上設有軍防崗哨。這裡既是十字交通要道，也是百里方圓的商貿中心。此冢 1949 年後毀除。

據傳，元明戰爭時期，朱元璋曾三洗懷慶（溫縣古屬懷慶府治）。因此當時這裡曾一度人煙罕見，田園荒蕪。現據有家祠記載的原始人口，均為洪武年間（公元 1368～1398 年）由山西洪洞遷移而來，至今已繁衍二十多代。由於當時兵荒馬亂，遷民為了能得生存自衛，多有習武練拳之風。拳名之多後人不得詳記。

明萬曆二十四年（公元 1596 年），有山西陽城王宗岳者一行二人，走汜水，渡黃河，赴鄭州，檢查生意。由太行山經趙堡鎮，天暮投宿趙堡客店。二人因於此地見有練拳之人，在店內不免有所談論。王宗岳言談中說，穿紫花布衫者天資尚可。此言被店主人得知。穿紫花布衫者即是蔣發，遂

即轉告。蔣發聞言，知必藝高人至，急同店主人來店拜客。

王宗岳因此行以商務為專，先不肯答允。蔣發及店主人百般懇求，方允收蔣發於門下。次日王宗岳起程，蔣發送師至汜水渡口，臨行時約定某日返此，攜蔣發同歸山西授藝。期至，蔣發至汜水渡口迎師，果遇王宗岳返來。王夫子之德信，由此可見一斑。蔣發接師至家，稍事打點，即同師到山西陽城。

第一節　歷代傳人傳略

蔣發先師為趙堡太極拳第一代開創人，出生於明萬曆二年（公元 1514 年）。他從王宗岳學太極拳為萬曆二十四年，時二十二歲。在山西師家學太極拳藝七年，侍師如父，師亦愛之如子。

王宗岳無子，只有獨生女兒。王夫子早年授藝給女兒及鄭州孫某（名諱及拳藝失傳），除此，拳藝亦未示人。收蔣發為徒乃夫子晚年，因年事已高，不耐多言，多由女兒代為傳藝，蔣發稱之師姐。因此，後人有稱趙堡太極拳為大姑娘拳，蓋緣此義。

蔣發先師學藝時，王宗岳常對其言：「吾將此拳秘訣傳汝，而後汝必擇人而傳，不可不慎。」蔣發先師學藝功成後歸家，夫子以自己心得筆記八冊相贈。並再次囑曰：「此拳不可妄傳。倘果得其人，必盡情教之。倘得其人不傳，如同絕嗣。能廣傳更好。」

蔣發先師歸家後謹遵師訓，訂下「不忠不孝者不傳」「不仁不義者不傳」「心險好鬥者不傳」「人格低下者不

傳」「貪酒好色者不傳」「輕露賣弄者不傳」等「十不傳」的規矩。蔣師以數年考察檢驗賢仁，而所懷絕技含而不露。

然而偶在鄉郊小示百步捉兔之輕動，竟轟動鄉里。愛好武術者紛紛登門求教，但他謹慎之至，未輕允於人。如此經過三年，始先看中邢喜懷為理想的傳授弟子。時蔣發先師已三十二歲。

邢喜懷接傳了太極拳之全部理法，造就驚人。功成後有南牆掛畫之絕技。他繼師訓選賢者傳拳授藝，得擇張褚臣（「褚」又作楚）為入室弟子。

張褚臣接傳為趙堡太極拳第三代。此人忠誠樸實，墨守成規，功夫成就後無顯赫事蹟記述，只起了承上啟下的作用。他以師傳規矩，選賢者陳敬伯傳授技藝。

陳敬伯為趙堡太極拳第四代傳人。他在太極拳技藝方面達到了神化功能，時人稱為「神拳手」。他以武會友，接待武林中朋友多人，藝高德厚，在當時武林中譽享全國。他為了發展太極拳技藝，廣收門徒達數百人。但能全面繼承其拳藝者，唯張仲禹一人（「仲」有作宗）。所以在趙堡太極拳傳承中，第五代僅列張仲禹一人。

陳敬伯在乾隆五十六年（公元 1791 年）已年高八十四歲。此時有一位綽號「蓋山東黑狸虎」者來訪，陳師因年高，意讓弟子張仲禹與之交流技藝。然來客稱專程拜訪陳師求教，意在非陳交手莫可。陳知對方居心叵測，只得陪同在孫神廟柏樹林空場比武。陳師終因年高，又棋逢對手，雖幾番提出停手，怎奈來客步步緊逼，毫無留情之意。陳師無奈方真出手，乃將山東客打死，自己也因勞累過度，跟蹌不已，懷抱柏樹而亡。趙堡鎮因此留下一段俚諺：「打死山東

客，累死陳敬伯。」

張仲禹為趙堡太極拳第五代傳人。他選擇鄰人原法孔為其入室弟子。時原法孔在大名府開設中藥店，經常往來經營，趁暇從師學藝，待師甚尊，連師之生活也予承擔，親如父子。且法孔好學，遂得其妙。

張仲禹有侄兒張彥，幼年好鬧事，張師不傳給技藝，有時還讓法孔代責侄兒張彥。彥極憤恨，遂暗中用功自學。後仲禹師年高臥床，病情嚴重。適逢法孔去大名府藥店未歸，師因最後技藝未傳給法孔，急盼法孔歸來。雖已著人帶信，但因路途遙遠，仲禹師擔心他不能按時歸來，恐成憾事，嘆息之下，將侄兒張彥叫到床前說：「我病恐等不到法孔歸來，今將拳譜交付給你，拳藝奧妙盡在其中。待法孔歸來，你當轉交與他。因其奧妙你是不理解的。」不日師故。法孔歸來，即操辦葬禮。

既畢，法孔詢及師臨終遺言，彥答：「師將拳譜拳藝盡數給我，讓我轉交給你。皆因過去師讓你責我太重，我不給你。」法孔聽罷憤恨至極，抬手就打。二人交手，豈料法孔竟敗在張彥手下。法孔因此懷氣抱病，不久故去。法孔生前傳子金華，後未傳人。

張彥為趙堡太極拳第六代傳人。他是一位傑出宗師，首創趙堡太極拳走出小圈向外宣傳並出訪的先河。因他功夫全面，藝高膽大，遍訪各地武術名家交流拳藝。訪問山東曹州寺僧號「千里王」黃當家，留下藝高事蹟。在山東，運用千斤墜氣功斬蟒除害，受到官署獎勵。由此名震遠近武林。他曾三次訪問陳家溝名家。那時趙堡、陳家溝兩村武術界人士交情頗厚。他的英雄事蹟，引起文庠生陳清平的垂慕。因趙

堡有「拳不出村」之約，陳清平遂由王圪壋村遷居趙堡，拜在張彥門下學藝。

陳清平（公元 1795～1868 年，有作陳青平或陳清萍、陳青萍）為趙堡太極拳第七代宗師。因他文武兼備，人稱文武拳師。為弘揚武術、擴大趙堡太極拳的影響，首先改變趙堡太極拳不出村的陳規，為趙堡太極拳的發揚創出新路。他在實踐中逐漸總結出因人施教的方法，亦總結出三種理論。當時外村從學出類拔萃者，有西新庄任長春、南張羌村李作治、王圪壋村李景元等人。傳本村和兆元為代理架，張金梅為領落架，其他人均為騰挪架。

有廣平府楊露禪經該地中藥店懷慶府人引薦，慕名來拜訪陳清平。因當時清平對拳藝改制尚未定型，清平遂將露禪推薦於同族陳長興處學藝。改制後，又在理論方面給楊露禪以輔導。楊露禪在光緒二十一年（公元 1895 年）寫的《楊氏太極拳序》中有言，「學太極拳於陳家溝陳長興，得拳理於趙堡鎮陳清平」。後有武禹襄來學藝，清平因禹襄之兄武秋瀛任舞陽知縣，為其通融排解加身官司，遂感其誼，全面予以傳授（李亦畬《太極拳小序》可證一斑）。

和兆元（公元 1811～1890 年）為趙堡太極拳第八代傳人之一。技藝大成後功夫超人，為清廷三朝元老李棠階侍衛，例封武信郎之職。某次途經邯鄲地方，為告誡當地一山大王改邪歸正，曾顯示以蠟木杆刺槐樹之內功。因武藝出眾，威震京師武林。李棠階考翰林時的主考官體仁閣大學士祁雋藻聞知和兆元之功夫，即召和兆元詢及武功情況，答學太極拳於名師陳清平諸事。後承大學士以易理為其太極拳作理論充實。和兆元經鑽研學習，遂融化在拳藝實踐中。

回鄉後，向陳師稟明在京情況，並向師表演了所鑽研創新之太極拳。陳師認為確有創新發展，有獨特之處，可以自立門派，遂以「和氏太極拳」為其命名。陳師豁達之心胸深為和兆元所感動，為謝師恩，誓師曰：「和氏太極拳仍以趙堡傳承排列，標異不分宗。」師亦樂之。

　　和慶喜（公元 1857～1936 年）出生於清咸豐六年，為趙堡太極拳第九代宗師。係和兆元之長孫。八歲始由祖父親授太極拳技術，歷時十年。後因祖父患精神病，自己用功至三十二歲。後因生活所迫，不得不以小商販糊口，停止用功達四十年。

　　民國十七年（公元 1928 年），南京中央及河南省國術館相繼成立。時和慶喜已年逾七旬，因見大好形勢，遂高興地回憶早年所習太極拳過程。經過八個月的回憶整理，終將姿勢、套路、理論結合自己實踐全部匯集，傳授數十人。民國二十年，開封設國術擂臺賽，和慶喜帶學藝三年的弟子參加比賽，贏得「拳藝高水平」稱號，頒發有獎狀、獎旗紀念。目前趙堡太極拳譽享中外，實是和慶喜先師的不朽功勛。他不但保持了趙堡和式太極拳的傳統，並有所發揚光大。後因染上破傷風辭世，享年八十歲。

　　杜元化為趙堡太極拳第九代傳人之一。係任長春弟子。博愛縣義庄人。清末文庠生。任河南省國術館委員。民國二十年開封設國術擂臺賽時任評判員。民國二十四年所著《太極拳正宗》一書出版。該書是趙堡太極拳第一次公開向外發行的資料。惜該書當時印數較少，且又為本門弟子收藏，所以為後來武術界鮮知。

　　（註：《太極拳正宗》大展出版社民國 91 年 5 月以「杜元

　　王思功是趙堡太極拳第十代傳人之一。係苗延升弟子。溫縣招賢人。在民國二十年開封設國術擂臺賽上榮獲第二名，獲得獎狀、獎旗。當時委以部隊教官。

　　鄭伯英為趙堡太極拳第十代傳人之一，係和慶喜弟子。在民國二十年開封設國術擂臺賽上，贏得「拳藝高水平」榮譽，榮獲獎狀、獎旗。後任第四集團軍總部教官。新中國成立後任西安市武術協會委員，並在西安廣泛傳授趙堡和式太極拳。與鄭悟清一道被人譽為西北太極拳「二鄭」。

　　據傳，趙堡太極拳於清初得大內垂慕。康熙三十九年（公元 1700 年），有胤禛者親臨趙堡微服訪問太極拳技藝，適逢趙堡鎮正在建設關帝廟，訪者即贈寫匾額一塊，上書「乾坤正氣」四個蒼勁大字，落款「胤禛題」。後雍正皇帝即位，趙堡人方知胤禛者即雍正皇帝。雍正之愛武乃世人皆知，當時親臨趙堡，必慕高人而來訪。其訪問拳藝情況雖無記載，但所題匾額一直懸於廟中。惜後人未予珍惜而被毀，實可惜哉。

第二節　　鄭悟清略傳

　　鄭公諱梧卿，字鳳臣，晚年用悟清。河南溫縣趙堡鎮人。清光緒二十一年（公元 1895 年）農曆九月初六出生於一個普通農民家庭。父諱湘，字楚三，任開封合盛布莊經理。兄弟四人均無子嗣。鄭湘四十八歲得子梧卿，因父輩僅此一子，均視為掌上明珠。父輩過分寵愛，而造成梧卿幼年生活節律紊亂，加之先天體弱，至七歲便患上童子癆病。十

歲方入私塾學習孔孟之道，後因家庭生活貧困，十六歲即由父之東君薦送於清化當典學徒。

梧卿賦性樸實，又受庠序之教，故勤於職守，二十歲被委以會計職務。十九歲時父親不幸逝世，梧卿悲痛之極。又由於先天體弱及日以繼夜之會計工作繁重負擔，終使任職八年後積勞成疾，患上肺病，醫藥罔效。歸里後幾至不起，全家人為之擔憂。後有同學好友李俊秀者，係中醫世家，又是太極拳愛好者。一面以藥物治療，一面傳授太極拳的騰、挪理論與套路。經三個月，效果顯著，尤感此拳藝之精妙，遂不顧已而立之年，毅然苦學不輟。因此疾病全消，功夫大進，造就超人。

1928 年，鄰人和慶喜，時七十二歲，因國家倡武，遂將停練四十年由祖父親授代理架姿勢、套路、理論加以回憶整理，並廣為傳授。梧卿識代理架之優越，遂即投師請教，對初習拳式加以修改，並加深理論研究，融會貫通，使拳藝達爐火純青境地。尤神者，歷三十年拳功至六十歲時，幾近之謝頂之頭又生青絲。

1938 年，日寇入侵，家鄉和山西淪陷，鄭公避難西安。因此前為生計，往來於晉、豫之商旅，廣傳太極拳健身之道，並以高尚武德為遠近武林人士所敬重。經友人介紹，即在陝西省政府、軍政部西安辦事處、西安警備司令部、中央銀行西安分行、黃埔軍校第七分校等處傳授太極拳藝。同時被西安國術館委以委員之職。由此而來，當時在西安各階層的武術愛好者中影響很大，從學者眾。

鄭梧卿先生學太極拳六十年如一日，因鍥而不舍，潛移默化，得其精奧。六十年保持身體健康，還以奇功療疾多

人。人皆稱其太極拳藝妙不可測。至晚年歸鄉，仍童顏健步。以其體得，始終嘆服太極拳之精深博大，故此，一生不敢為天下先。

新中國成立後，武術之研究和發展愈加受到重視。陝西省組織武術協會，鄭公被選為協會委員，並於興慶公園常設輔導站，廣為傳授太極拳藝，三十年如一日。從學者遍及全國，脫穎而出者多人。

1982 年，鄭梧卿告老還鄉，於 1984 年 3 月 30 日無疾而終，享年九十歲。

1988 年 3 月 30 日，鄭梧卿國內外弟子在趙堡鎮隆重舉行了鄭梧卿逝世四周年紀念活動，並建立了「太極拳師鄭悟清先生紀念碑」，流芳後世。

中國當代著名武術家李天驥先生為建碑特由北京寄來題詞：「發揚武當精華。太極拳名家鄭悟清先生碑記」。中國武當山武當拳法研究會、《武當》雜誌社，寄來譚大江先生撰寫的「情寄西京桃李流芳名四海，拳精武當英威遺世壯中華」的大幅輓聯。

綜上所述，武當張三豐之太極拳，由明代末年傳入趙堡，歷經四百多年。以前受傳授戒律較保守觀念的影響，該拳藝一直停留在該地區流傳，沒有更多向外推廣，致使這一珍貴傳統文化遺產由主觀原因造成自我禁錮。時至抗日戰爭期間該地淪陷後，從避難於西安的幾位太極拳傳人那裡始得廣開法門。五十餘年來傳人已逐步遍及全國，並走向世界。

雖然目前發展狀況仍未達到應有程度，但有一點，即四百多年前來源於武當張三豐祖師的太極拳，在趙堡紮根繁衍後，以它那養生與技擊同時兼備的優越性，如今正在達到當

年三豐祖師所倡導的「欲令天下英雄豪傑益壽延年」之目的，它終為越來越多的有識之士所重視，並越來越廣泛地造福於人類。

第三節　鄭悟清傳授的主要弟子名單

（列舉 50 名為代表）

王秉瑞	魏習典	吳培仁	盧華良	張占營
孫蘭亭	陳修祥	楊榮吉	高　潮	宋蘊華
郭興梁	閻俊文	高國卿	孟凡夫	王予孝
尤國才	羅喜運	高全林	李鳳興	吳本忠
佘輝庭	楊豪華	雷伯榮	高　峰	劉　瑞
高智怡	張致和	唐允吉	孫明倫	秦勝家
顧泰隆	劉得印	袁清閣	譚志遠	紀昌秀
呂興周	李海龍	唐裕源	鄭子毅	李清林
郭德政	史壽之	郭大均	吳生安	常清嵐
李文斌	李清貴	李隨成	吳忍堂	鄭　鈞

第四節　歷代傳承情況

（10 代後未列入）

武當張三豐祖師———雲遊道人（？）———山西陽城王宗岳———河南
溫縣趙堡鎮蔣發（1代）——邢喜懷（2代）———張褚臣（3代）———陳
敬伯（4代）———張仲禹（5代）———張彥（6代）———陳清平（7代）┐

```
（8代）    （9代）    （10代）
├─張　漢──┬張國棟──張保成
│         └楊　虎──楊紹順
├─李景元──┬李火炎──和學信
│         └謝公謹──和學敏
├─和兆元──┬和潤芝──和學會
│ （創和式）├和敬芝──郝玉朝
│         ├和慶喜──鄭悟清
│         │        ├鄭伯英
│         │        ├柴玉柱
│         │        ├郭　雲
│         │        ├李俊秀
│         │        ├劉世英
│         │        └鄭　瑞
│         ├和慶台──和學儉
│         └曲延升──┬王思明
│                  └王思功
├─陳　鈞──陳乃文──陳學中
├─張金梅──┬張敬芝──陳應明
├─張應昌──┘        ├王連清
│                  ├張樹德
│                  └侯春秀
│         ┌李　鎬──┬李景春
│         │        └李景華
│         ├周文祥──李在榮
├─李作治──┼郭炳元──焦克儉
│         ├王明懷──秦作夫
│         └王玉中──┬王連堂
│                  └王家樂
├─武禹襄──李亦畬──郝為真──┬孫祿堂──孫劍雲
│ （創武式）├杜元化        │ （創孫式）
│         ├杜元德        └郝月如──郝少如
├─任長春──┼任應吉
│         ├劉振乾
│         └原立道
└─張　文──張履泰
```

第 **3** 章

趙堡太極拳理論體系

第一節　原理圖

【說明】

一　太極圖圓體──即人身結合

二　陰陽──即運動中的陰陽反轉

三　五行──即運動的方向和五臟氣血循環

四　八卦──即運動生剋變化

五　中心線──即運動中的分界線

六　中心──即運動中的氣沉丹田

經過轉化，勁發丹田，勁由脊發，打通任、督二脈的循環，通過運動理論和實踐相結合融化成一整體。

第二節　王宗岳論太極拳（據傳）

一、太極拳論

太極者，由無極而生；動靜之機，陰陽之母也。動之則分，靜之則合。無過不及，遂曲就伸。人剛我柔謂之「走」，我順人背謂之「黏」。動急則急應，動緩則緩隨。雖變化萬端，而理唯一貫。由著熟而漸悟懂勁，由懂勁而階及神明。然非用功之久，不能豁然貫通焉。

虛靈頂勁，氣沉丹田。不偏不倚，忽隱忽現。左重則左虛，右重則右杳。仰之則彌高，俯之則彌深。進之則愈長，退之則愈促。一羽不能加，蠅蟲不能落。人不知我，我獨知人。英雄所向無敵，蓋皆由此而及也。

斯技旁門甚多，雖勢有區別，概不外乎壯欺弱，慢讓快耳！有力打無力，手慢讓手快，是皆先天自然之能，非關學力而有為也。察「四兩撥千斤」之句，顯非力勝。觀耄耋能禦眾之形，快何能為乎?!

立如平準，活似車輪，偏沉則隨，雙重則滯。每見數年純功，不能運化者，皆自為人制，卒不能制人，則雙重之病未悟耳！

欲避此病，須知陰陽。黏即是走，走即是黏。陰不離陽，陽不離陰。陰陽相濟，方為懂勁。懂勁後愈練愈精，默

識揣摩，漸至從心所欲。

本是「舍己從人」，多誤「舍近求遠」。所謂差之毫厘，謬以千里，學者不可不詳辨焉。是為論。

附歌

舉步輕靈神內斂，莫教斷續一氣研，
左右宜有虛實處，意上寓下後天還。

二、打手歌

掤攦擠按須認眞，上下相隨人難進。
任他巨力來打我，牽動四兩撥千斤。
引進落空合即出，沾連黏隨不丟頂。
纏柔細察來方勢，隨機應化趁勢出。
拿住丹田練內功，哼哈二氣妙無窮。
動分靜合屈伸就，緩應急隨理貫通。
極柔極剛極虛靈，運若抽絲處處明。

三、太極拳十三勢歌

十三總勢莫輕視，命意源頭在腰隙。
轉變虛實須留意，氣遍身軀不少滯。
靜中觸動動猶靜，因敵變化示神奇。
勢勢揆心須用意，得來不覺費功夫。
刻刻留意在腰間，腹內鬆靜氣騰然。
尾閭中正神貫頂，滿身輕利頂頭懸。

仔細留心向推求，屈伸開合聽自由。

入門引路須口授，功夫無息法自修。

若言體用何爲準，意氣君來骨肉臣。

詳推用意終何在，益壽延年不老春。

歌兮歌兮百四十，字字眞切義無遺。

若不向此推求去，枉費功夫貽嘆息。

註：此處《打手歌》前六句及《十三勢歌》內容與《張三豐太極煉丹秘訣》卷二載全同。

第三節　九要論

一要論

從來散之必有其統也，分之必有其合也。以故天壤之間，四面八方，紛紛者各有其屬；千頭萬緒，攘攘者自有其源。蓋一本可分爲萬殊，而萬殊咸歸於一本，是非固有必然者哉。且武事之論亦甚繁矣，而要之，千變萬化，無往非勢，即無往非氣。勢雖分類，而氣歸於一。夫所謂一者，上自頭頂，下至腳底，內有臟腑筋骨，外有肌肉皮膚，五官百骸相聯，而謂一貫者也。破之而不開，撞之而不散。上欲動而下自隨之，下欲動而上自領之；上下動而中節攻之，中節動而上下和之。內外相聯，前後相需，所謂以一貫之者，其斯之謂歟！而要非勉強以致之也，習而爲之也。當時而靜，寂然湛然，居其所而穩如山岳。當時而動，如雷如塌，出乎庭而急如閃電。且靜無不靜，表裡上下全無參差牽掛之意；

且動無不動，左右前後並無抽扯游移之形。洵乎若水之就下，沛然莫能禦之。若火機之內攻，發之而不及掩耳，不假思索，不煩擬議，誠不期然而已然，莫之致而即是，豈無所致而云乎。

蓋氣以日精而有益，功以久練而乃成。觀聖人問一貫之傳，必俟多聞強識之後，才能豁然之境；不廢格物致知之功，始知事無難易。用功惟自「進」，不可躐等，不須急遽。按步就緒，循次而進，夫而後五官百骸肢節自有貫通，上下表裡自不難聯絡。庶乎散者統之，分者合之，四體百骸終歸於一氣而已矣。

二要論

天地間未有一往而不返者，亦未嘗有直而不曲者也。蓋物有對峙，勢有回還，古今不易之理也。嘗有世之論捶者，而兼論氣者也。夫氣主於一，何分為二？所謂二者，即呼吸也。呼吸即陰陽也。捶不能無動靜，氣不能無呼吸。吸則為陰，呼則為陽。主於靜者為陰，主於動者為陽。上升為陽，下降為陰。陽氣上行為陽，陽氣下行為陰。陰氣上行即為陽，陰氣下行仍為陰。此陰陽之分也。

何謂清濁？升而上者為清，降而下者為濁。清氣上升，濁氣下降。清者為陽，濁者為陰。而要之，陽以滋陰，陰以滋陽。混而言之，為勁為氣統為氣。分而言之為陰為陽。氣不能無陰陽，人不能無動靜，口不能無出入，鼻不能無呼吸，而所謂對待循環不易之理也。然則氣分為二，而實在於一。有志於斯者，慎勿以是為拘拘焉矣。

三要論

　　夫氣本諸身，而身之節無定數，可分為三。三節者，云：「上、中、下者是也。」以一身言之，頭為上節，身為中節，腿為下節。以頭面言之，天庭為上節，鼻為中節，頷為下節。以中節言之，胸為梢節，腹為中節，丹田為根節。以下節言之，足為梢節，膝為中節，胯為根節。以肱言之，手為梢節，肘為中節，肩為根節。以手言之，指為梢節，掌為中節，掌根為根節。節觀於此而足不必論矣。

　　然則自頂至足，莫不各有三節，要之即無非三節之所為，即無非著意之處。蓋上節不明，無倚無宗；中節不明，渾身自空；下節不明，自家吃跌。故豈可忽乎哉！至於氣之發動，要之皆由梢節起之，中節隨之，根節催之而已。然此猶是節節分而言之也。若夫合而言之，則上至頭頂，下至腳底，四肢百骸，總為一節，何夫三節之有哉？又何以三節之中各有三節云乎哉！

四要論

　　試語論身論氣之外，而進論梢節者矣。夫「梢節」者，身之餘續也。言身者每不及此，言氣者亦所罕聞。論捶以由內而髮外，氣以本身而達梢。故氣之為用，不本諸身，則虛而不實；不行於諸梢，則實而仍虛，梢亦烏可弗講。然此特身之梢耳，而尤未及乎梢之梢也。四梢為何？髮之其一也。夫髮之所繫不列於五行，無關於四肢，似乎無足論矣。然髮

為血之梢，血為氣之海，縱不必本諸髮以論氣，要之不能離乎血而生氣，不離乎血不得不兼及乎髮，髮欲沖冠血梢足矣。仰舌為肉之梢，而肉為氣之囊，氣不能行諸肉之梢，即無以沖其氣之量，故必舌欲催齒而後肉梢足矣。至於骨梢者，齒也。筋梢者，指甲也。氣生於骨，而聯於筋，不及乎齒即未及乎骨之梢。而欲血梢足乎而者，要之非齒欲斷筋，甲欲透骨不能也。果能如此，則四梢足矣。四梢足而氣亦自足矣。豈復有虛而不實，實而仍虛者也。

五要論

今夫拳以言勢，勢以言氣。人得「五臟」以成形，即由五臟而生氣。五臟實為性命之源，生命之本，而名心、肝、脾、肺、腎也。心為火，而有炎上之象；肝為木，而有曲直之形；脾為土，而有敦厚之勢；肺為金，而有從革之能；腎為水，而有潤下之功。此乃五臟之義，而有準之於氣者，皆各有所配合也。此所以論武事者，要不外乎斯也。其在於內，胸膈為肺經之位，而為諸臟之華蓋，故肺經動，而諸臟不能靜。兩乳之中為心，而肺保護之。肺之下，胃之上，心經之位也。心為君也。心火動，而兩相火無不奉命也。兩脇之下，右為肝，左為脾，脊骨十四骨節處，為腎經之位也。此五臟之位也。然五臟之位皆係於背，背故為腎。至於腰，則為兩腎之本位，而為先天之第一，尤為五臟之根源。故腎水足，而金、木、水、火、土莫不各顯生機焉。地乃五臟之部位也。五臟之存乎內者各有其定位，而且於身者，身亦有其專屬。領頂腦骨皆腎也。兩耳亦為腎。兩唇兩腮皆脾也。

兩鬢則為肺，天庭為六陽之首而萃五臟之精華，實為頭面之主腦，不啻一身之座纛也。印堂者，陽明胃氣之衡，天庭欲起，機由此達。生髮之氣由腎達於六陽，實為天庭之樞機也。兩目為肝，而瞼之上包為脾，下包為胃，大角為心經，小角為小腸，白則為肺，黑則為肝，瞳則為腎，實亦五臟精華之所聚，而不專屬為肝也。鼻空為肺，兩顴為腎，耳門之前為膽經，耳後高骨亦腎也。鼻居中央之地為土，萬物滋生之源，實乃中氣之主也。人中為血之會，上沖印堂達於天庭，亦為至要之所。兩唇之下為承漿，承漿之下為地閣，上與天庭相應，亦腎經之位也。額下為頸項者，五臟之道途，氣血之總會，前為飲食出入之道，後為腎氣升降之途，肝氣由此而左旋，脾氣由此而右旋，其繫更重，而為周身之要領。兩乳為肝，肩俞為肺，兩肘為腎，四肢屬脾，兩肩臂膊皆為脾，而十指則為心、肝、脾、肺、腎也。膝與脛骨皆為腎，兩腳跟為腎之要屬，湧泉腎之穴位也。大約身之所繫，心者為心窩也，胸膈為肺，骨之露處為腎，筋之聯處為肝，肉之厚處皆脾也。象其意，心如猛虎肝如箭，脾之力量甚無窮，肺經之位最靈變，腎氣一動快如風。此其為用也。用其經舉，凡身之所係屬於某一經者，終不能無意也。是為當局者體驗，而非筆墨之所能罄述者也。至於生剋制化，雖有另論，而執其要領自能統會。究之五行百骸，總為一元、四體、三心，合為一氣，奚必沾沾於一經絡節節而為之哉！

六要論

　　五臟既明，再論「六合」。所謂六合者，心與意合，氣

與力合，筋與骨合，此內三合也。手與足合，肘與膝合，肩與胯合，此外三合也。此為六合。若以左手與右足相合，左肘與右膝相合，左肩與右胯相合。右之與左亦然。以及頭與手合，手與身合，身與步合，孰非外合。心與眼合，肝與筋合，脾與肉合，肺與身合，腎與骨合，孰非內合。豈惟六合而已哉！然特分而言之也。總之，一動而無不動，一合而無不合，五行百骸悉在其中矣。

七要論

既知六合，又知「七進」。夫七進者何也？頭為六陽之首，而為周身之主，五官百骸莫不本此而向背，故頭不可不進也。手為先行，根基在膊，膊不進則手腳不可前進矣。氣聚諸腕，機關在腰，腰不進則氣餒而不實矣。此所以腰貴於進也。意貫周身運動在步，步不進而意索然不能為也。此所以步必取其進也。以及上右必須要進左，上左必須要進右。周身相隨，不隨則無力，故身必取其進也。此共為七進，孰非所以著力之地歟也。而要之，未及其進合周身而毫無關切之意，一言其進，統全體而俱無抽扯之形也。

八要論

夫發手擊敵，全賴身法之助。「身法」為何？縱、橫、高、低、進、退、反、側而已。縱則放其勢，一往而不返；橫則裹其力，開拓而莫阻；高則揚其身，而身若有增長之意；低則抑其身，而身若有攢促之行。當進則進，殫其力而

勇往直衝；當退則退，凌其氣而回轉扶勢。至於返其身顧後，後即前也。側顧左右，左右安敢擋我哉！而要之，非拘拘焉為之也。察乎人之強弱，運乎己之機關，有忽縱而或橫，縱橫因勢而變遷，不可一概而推論。有忽高而或低，高低隨時轉移，不可執格而論。時若宜進，故不可退以餒其氣；時若宜退即當以退而鼓其進，是退固進也，即退而實以助其進也。若返身顧後，而後亦不覺其為後；側顧左右，而左右亦不覺左右矣。總之，機關在眼，變動在心，而握其要者，則本諸身。身而前則四肢不令而行矣，身而後則百骸莫不冥然而處矣。身法豈可置而不論乎！

九要論

今夫五官百骸主於動而實運於步，步乃一身之根基，運動之樞紐也。以故應戰對敵皆本諸身，而所以為身之砥柱者莫非步。隨機應變在於手，而所以為手之轉移者亦在於步，進退返側，非步何以作鼓蕩之機？抑揚伸縮，非步無倚無宗。變化之妙，所謂機關者在眼，變化者在心。而所以拐彎抹角，千變萬化之妙，而不至於窘迫者何？莫非步為之司命歟！而要之，非勉強而以致之也。動作出於無心，鼓舞出於不覺，身欲動而步已為之周旋，手將動而步早為之逼催，不期然而已然，莫之驅而若驅。所謂上欲動而下自隨者，其斯之謂歟！且步分前後，有定位者步也，然而無定位者亦為步也。如前步進之後步隨之，前後自有定位矣。如前步作後步，後步作前步，更以前步作後步之前部，後步作前步之後部，則前後亦自無定位矣。

總之，拳以論勢，而握其要者在步，活與不活亦在於步，靈與不靈亦在於步，步之為用大矣哉！

第四節　名家詮釋太極拳

一、陳清平解總論附歌及打手歌

（1）總論附歌

舉步輕靈神內斂

解：一舉步周身俱要輕靈，尤須貫串，氣宜鼓蕩，神宜內斂。

莫教斷續一氣研

解：勿使有凸凹處，勿使有斷續處，其根在腳，發於腿，主宰於腰，行於手指。由腳而腿而腰而手，必須完整一氣。向前退後，乃得機得勢，有不得機得勢者，其病必於腰腿間求之。

左右宜有虛實處

解：虛實宜分清楚，一處自有一處虛實，處處總此一虛實，上下前後左右亦然。

意上寓下後天還

解：凡次皆是意，不在外面。有上即有下，有前即有後，有左即有右。如意要向上，即寓下意，若將物掀起，而加以挫之之力，斯其根自斷，乃壞之速而勿疑。必須周身節節貫串，勿令絲毫間斷耳。

背絲扣為太極拳之母，是此拳徹始徹終功夫。此論此解，是教人單做背絲扣順逆動作之法，故以總論稱之。

（2）打手歌

彼不動，己不動；彼微動，己先動。是鬆非鬆，是展非展，藕斷絲連。先在心，後在身，腹鬆氣斂入骨，神舒體靜，刻刻默悟。

一動無不動，一靜無不靜。牽動往來，氣貼脊背，斂入脊背。內求精神，外示安逸。邁步如貓行，運勁如抽絲。全神意在精神不在氣，在氣則滯。有氣無力，無氣者純剛。氣若車輪，腰如車軸。

二、和兆元論耍拳

太極拳用功之為「耍拳」，此是吾和氏太極拳獨特之處。它的取法是根據老子自然之道，張三豐祖師以柔克剛之定論。

以柔中求剛為目的，以輕靈自然為原則，以中正平圓為用功方法。此三者為和氏「耍拳」之公式。

此拳由起步學習，至精、氣、神一元化，始終要求自然，輕柔，輕靈，像頑童玩耍那樣隨便。不能用意，用氣，用力，更不能顯示發勁。如果由幼童學起，一生不間斷的用功，即到年高百歲，仍可保持幼童時的體格。一般人學之，只要保持和氏太極拳的「耍拳」公式，亦能達到幼童般的體質。因此，按和氏太極拳公式用功者，可獲返老還童的功效。

和氏「耍拳」之用功公式，可使任、督二脈暢通，丹田勁隨姿勢運轉，正常運行。所謂勁由脊發，膂力無限，是奠定內勁之基礎。惟以此公式用功始有此碩果。

三、和慶喜耍拳解

　　柔中求剛。「柔」者何也？柔，鬆柔，純柔，鬆關節，柔經絡。初習者要明確認識鬆柔之含義，身法須有原則性的放大，不放大達不到鬆柔的目的。柔中有剛，剛柔相濟，是功成後的自然表現，非勉強可為之，乃極柔必至極剛的自然辯證結果。若初習者即求柔中之剛則是錯誤的。須知柔不及則剛不至也。勉強得來之剛，也不處後天之力。此「剛」不過是枯槁之脆硬，一折即斷，非真剛也。

　　「輕靈自然」者何？輕，極輕。極輕則極靈，用氣則滯。學者用功、身法運轉要像三尺羅衣掛在樹上，在空中迎風飄蕩那麼輕靈自然。此喻甚當，應切切深思。

　　何為「中正平圓」？即在用功時的身法要像太極圖中的子午線那樣垂直中正。上自百會，下至會陰，形成一條直線。運動時，以手臂平衡姿勢運轉，前後左右皆以中心線為界，不得超越。步以走圓，身以行圓，手以畫圓。總而言之，一舉一動，皆以圓為準則。此應由淺入深、逐步追求，不能急於求成。

　　何為「懂勁」？此指在用功中要遵循太極拳之自然規律。一勢一勁，認真運動，到時能逐漸感覺到由丹田發出的勁。氣、力、勁本是一體的，而在拳藝的理論實踐中卻有分別之論，即氣是先天自然之氣，力是後天人為之力。後天人

為之用力常非用先天自然之氣。而太極拳在姿勢變化運轉中，則以氣與力相配合，每勢完成時要有氣沉丹田之感覺。通過姿勢轉化，由丹田發出的為勁。所謂懂勁者，即要懂由丹田發出轉化的勁。

何謂「周身相隨」？此是指在耍姿勢套路時，要以理論結合實踐。首先行動於腰，以腰帶動肢體；基礎在步，活動於襠；身體平衡運轉於手臂；虛領頂勁，氣沉丹田；沉肘鬆肩，鬆胯鬆膝。如此，即形成周身相隨運動，方可達內勁、走勁的目的。

王宗岳夫子言「入門引路須口授」，此言是說理論固然可以在文字中學得，但書本畢竟不能代替實踐，理論是從實踐中來的。因此，入門學習時，老師的言傳身教尤為重要。如某些技巧要領，用筆墨是無法表達清楚的，文詞一大堆，也不一定能說得清楚透徹。然而在言傳身教中，結合實踐只用三言兩語即可讓人理解。

古人講「真傳一句話，假傳萬卷書」。「真傳」是直接傳，以身作則；而「假傳」也並非是說假話，而是盡作比喻，是間接的借指。只怕學者不明白，說過來說過去，說了很多，然而還是讓人難以明白。當然，言傳身教雖然重要，並非說理論就無用，此二者相輔相成，必須正確對待。

四、鄭悟清談太極拳技藝

（1）初學須知

初學而內要靜空，周身內外要輕鬆。

內靜空氣行於外，外輕鬆內有神精。

功夫不可須臾斷，臨用之時顯奇功。

（2）基礎功夫身法要領

輕搖之以鬆其肩，柔隨之以活其身，徐行之以穩其步。如是鬆肩、身活、步穩。正頭領氣、收腹含胸、掤背，達到周身相隨。如此用功，以期純熟，精、氣、神一貫，始能達自然而然之妙境。

（3）基本功行動準則

雖為耍拳，也不要失去規矩。因用功要涉及意志訓練，最後則要體現功能。所以對姿勢轉化，要一勁一勢按標準走到，不能草率。用功時面前無人作有人，而與人交流技藝時面前有人作無人。

理解前者，促使學者認真按規則標準學習用功。理解後者，在交流技藝時，便可冷靜沉著應付對方，發揮生理上從用功所得的習慣性應付功能，不致慌張失誤。

（4）因人施敎及實踐

為學有不止之境，所得有深淺之別。分別為：粗人得之則粗，細人得之則細，文人得之則精。所謂「粗人得之則粗」者，即是不假思索，以敎條為準則，自己沒有心得，不懂發揮功能。所謂「細人得之則細」者，則在師傳的原則下，能在具體細則上不斷思考為什麼，不斷有心得體驗，有所發現，有所發揮。所謂「文人得之則精」者，蓋太極拳原理與萬物之理，雖各有所專，有其特點，但理為一貫。文人

一旦有了功夫體驗，即能匯萬物之理，融化在拳藝之中，豈有不精者哉！

（5）技藝功能及發揮進程

「四兩撥千斤」之技藝，是太極拳特有的技擊功能。然則，學習者怎可得四兩撥千斤之法？此難亦非難，惟在用功中以耍拳的規則逐漸得出體驗，獲取自然的效果。功夫有所不同，運用功能亦有所不同。以初步功夫層次論，在實際運用上，如遇對方以巨力來攻擊我之甲部位時，我之甲部位即以走化，而以乙部位還擊，此即四兩撥千斤之妙用。運用中不假思索，思索則緩。逐漸用功達到懂內勁後，功能就更為上進。在這時我之甲部位受到攻擊，該部位即自然以內勁走化，隨即迅速還擊。此即理論中講「從哪裡來，由哪裡去」的技藝功能實踐，也即是更進一步的四兩撥千斤功能的提高。在這個層次功能意義上講，甲部位受到功擊而有乙部位還擊，則顯緩慢無力。

總之，以自己的功夫層次來運用，隨機應變。以正確姿勢用功，以走勁規則來實踐是勁，否則適得其反，所以技擊實踐上能否掌握四兩撥千斤的技藝，是檢驗功夫的試金石。

（6）學要適應環境

太極拳知識淵博，學之不易。孔子說「知易行難」。孫中山認為「知難行易」。學太極拳則是知難行亦難，而將理論與實踐完美結合則更難。如有志者通過這難關時，即入太極拳之門矣！

學太極拳還須有三個客觀條件：一是個人和社會有安定

的環境；二是有道德高尚的老師，從技藝、武德兩方面給予指引教導；三是個人愛好而有恆。以上條件具備，大成方可有望矣！

(7) 承習為修身防身

太極拳之創始理宗於道。理論、姿勢、套路全部內容，均以修身、防身而創作。由初步認識學習，至高級階段的運動功能，均為達到精、氣、神三元歸一，健康身體，延年益壽。

「修身」何為？為有健康之身體。有健康之身體，方能有宏偉之事業。但須先有健康之思想，付諸行動。以柔中求剛為目的。一舉手一投足，無不使肢體軟化，以增強肢體之活力，而疏通內臟氣血，使之循環無端。以中醫理論講，五臟相生則疾病除，可以延年益壽。若持之以恆，定顯推遲衰老進而返老還童之功能。

「防身」何為？拳既為拳，即有防身之技藝，技擊之功能。有以柔克剛之神，有四兩撥千斤之妙。習者持之以恆，功達上乘。便有「一羽不能加，蠅蟲不能落」，肢體化如軟棉，堅如金石，滑如池魚，黏如膠鰾之效驗。一層功一層理，一層功夫一層技術。修身、防身兼備，此論信無謬矣。

第五節　秘典殘卷今重光

陝西銅川王震川君，乃是一位趙堡太極拳愛好者。去年秋冬間，他給我寄來一沓舊手抄本復印件，說與趙堡太極拳有關係，讓我看看有沒有價值，是否可公諸於眾。當時我粗

看了一下，抄本中有趙堡太極拳第二代傳人邢喜懷（第一代從蔣發算起）、第三代傳人張楚臣、第四代傳人王柏青的練功體會論述。從該稿中的兩篇序言來看，當年這個手抄本已經是一本完整的書稿，名叫《太極秘術》。而且手抄本很正規，線裝木刻版稿本，楷體書寫，工整規範。說明原抄者對此書稿確實以「秘術」對待，十分珍視。

但王震川寄來的手抄本僅有數頁，沒有頁碼順序，而且前無頭，後無尾。在我評估，它只是原書稿的很少一部分。於是我就給震川去信，問他書稿的其他部分在哪裡，是否還在他手上。他回信說，這些資料是他從當地一個行醫世家所獲得。這些抄本是醫家祖上留下來的，就只有這麼多。這家人並不習武，此抄本是當作祖上遺物珍藏保存下來的。

為了能認真研究整理這些文獻，我一直在等待寬鬆的時間。近來終於得以抽暇，就把該抄本殘頁認真品閱，並相應做了校勘整理工作。

真所謂「不看不知道，一看拍案叫」，當我在校勘整理中才發現，這份寥寥數頁的手抄本，卻是趙堡太極拳極其珍貴的一份歷史文獻。

它填補了趙堡太極拳歷史資料的關鍵空白，為研究趙堡太極拳源流和有關人物與理論著述，以及與陳式太極拳的關係等問題，提供了極為難得而有力的證據。

仔細鑒定，發現這幾頁殘存的手抄本有其連續性，而且也是原《太極秘術》極為關鍵的一部分。使人少了一分遺憾，多了一分幸運。我由衷感謝王震川君，為太極拳界作出了功垂後世的大貢獻。

現將該殘本原文按其順序公諸於眾，並於後加以評述。

《太極秘術》序

余幼失怙，習祖遺之醫略，於《景岳全書》卷九「雜證十三卷·瘟疫」處，得先祖手錄太極秘術。方勝數摺，字草潦亂。幸尚可辨識，故復錄之存義。然實未睹其術焉。

先祖劉（恆）山，道光八年人。初經藥商，後習醫道。咸豐十一年，路遇困病危者，施救罔效。祖懷善念，奔波鎮里，挽一老醫者復臨乃處。老扶脈搖首而去。病者知無生，託祖善後。祖諾。其感，探懷示祖簿冊，囑錄而殉葬。祖憐而草繕，復置其懷。其奄然溘逝。先祖勉鄉人善葬焉。

此於錄後言之一二。因係祖手澤，且理玄奧，故謄而錄存。是序。

民國六年仲春月　汜水劉鳳梧拜識

註：此「序」是殘稿的開端，前頭是否還有文字，不得而知。今經校勘，括號內字為尚可推斷辨認者，□為殘斷空缺者，以下凡同。

《太極秘術》原序

余從師於溫州張楚臣。先師曰：「是術得之於道門，精微□□□不可言傳之妙。德不修者不與之，名利重得難成之，才不足□□□之。故擇者不易，爾宜慎密勿惰。」余秘而習之已歷四十餘載，更忝以道家丹法，始悟其源流之澤長，光耀九州。然修之不易，猶如深海尋珠，循寶光而不舍，歷艱辛而不頹，始得而獲。更知珍貴，雖萬金而不售。斯道氣常存者也。噫！孰鑒道求真難於此乎？而身不其驗，動不明其用，輒言得道，津津善辯，而惑人輩，猶為可悲

耳。詐偽橫溢四海，真言不屑而聞，故大道當隱，俟時漸復。此亦道之至理所含也。

雍正六年冬月　愚叟王柏青留示

（殘訣）

　　□□□□□勢處，身便散亂，其病必於腰腿求之。上下前後左右皆然。凡此皆是意，不在外面。有上即有下，有前即有後，有左即有右。如意要向上，即寓下意，若將物掀起而加以挫之之力，斯其根自斷，乃壞之速而無疑。虛實宜分清楚，一處自有一處虛實，處處總此一虛實，周身節節貫串，勿令絲毫間斷耳。

　　按：此篇殘訣，題名為校勘者所加，訣文按趙堡太極拳歷代收藏轉抄，謂為王宗岳所著《太極拳論》之後半部分。前半部分文字為：「一舉動，周身俱要輕靈，尤須貫串。氣宜鼓蕩，神宜內斂。勿使有缺陷處，勿使有凸凹處。其根在腳，發於腿，主宰於腰，形於手指。由腳而腿而腰，總須完整一氣，前進退後，乃能得機得勢。有不得機得」，從此處與殘訣連接，乃為整篇。

　　此篇殘訣後面緊接著的便是邢喜懷的《太極拳道》，依次是張楚臣、王柏青的論著。可見原書稿是嚴格按照歷代傳人的輩份排列的。

　　必須指出，此篇所謂王宗岳《太極拳論》，在《道藏精華》（臺灣自由出版社 1976 年出版，蕭天石主編）「張三豐太極煉丹秘訣」中，屬於張三豐「太極拳法訣」，並全文收入。如此，王宗岳只算承傳人。有言「王宗岳傳」者，方為可當。

但是，儘管某篇拳經在張三豐與王宗岳的歸屬上會發生一些誤差，但在歷代傳人的書稿、抄本中，嚴格遵循張三豐第一、王宗岳第二、蔣發第三……這樣一個傳遞輩份次序的關係是符合師承傳統規矩的。

從這種情況看，前面所散失者，不但仍有王宗岳的拳論，而且更有張三豐拳論。此中究竟遺漏了多少東西，不得而知。還有一點也須說明，蔣發先生在《太極秘術》裡沒有留下拳論拳訣。這是否與他文盲出身的情況有關，也是一個謎團，還有，後邊王柏青的《太極丹功要術》一文也因原稿散失而嘎然而斷，後邊還有王先生多少篇文章，文章後邊是否還有演練圖與說明，今天均不得而知了。

太極拳道

先師曰：「習拳之道，理義須明。功不間斷，其藝乃精。」

夫拳之道者，陰陽之化生，動靜之機變也。知氣養而增命，善競撲而全身，此為習拳之妙理。

氣何以養？寅時吐納，神守天根，意沉海底，心靜息寂，神意互戀，升降吞液，腹中如輪，旋轉如規。是以知水火之和氣，為兩腎所出。此人身性命之本，須「刻刻留意」為是。

撲何以善？手腳四肢皆聽命於心神，動靜虛實隨意氣而定取。上動下合，左轉右旋，前移後趨，惟心神之所向，意氣之所使也。腰為真機，而貫串肢節，勢無所阻，是收內意者為用耳。

（邢喜懷）

太極拳說

　　夫太極者，法演先天，道肇先化焉。化生於一，是名太極。先天者，太極之一氣；後天者，分而為陰陽。凡萬物莫不由此。陽主動而陰主靜，動之極則陰生，靜之極則陽生。有生有死，造化之流行不息；有升有降，氣運之消長無端。體像有常者可知，變化無窮者莫測。大之而立天地，小之而悉秋毫。太極之理，無乎不在。陰無陽不生，陽無陰不成。陰陽之氣，修身之基。上陽神而下陰海，合之者而元生。左陽腎而右陰腎，合之者而元精產。背外陽而懷內陰，皆合者而元神定。陰中有陽，陽中有陰。本乎陽者親上，本乎陰者親下。是則手以陽論，腳以陰名，相合者而身自靈。虛實分而陰陽判，動靜為而陰陽變。縱者橫之，剛者柔之，來者去之，開者合之，無非陰陽之妙理焉。

　　然陰陽和合，斯理孰持？勝負兩途，斯驗孰主？「一判陰陽兩極分，聚合陰陽逢在中」。是以云，其妙者「一」也，其竅者「中」也。

　　夫太極拳者，性命雙修之學也。性者天，上潛於頂，頂乃性之根；命者海，下潛於臍，臍乃命之蒂。故知雙修之道，在天根海蒂之合也。真意為其中使，而有所驗。動之始則陽生，靜之始則柔生；動之極則陰生，靜之極則剛生。陰陽剛柔，太極拳法四肢義通。且陰陽之中，復有陰陽，剛柔之中，復有剛柔，故有太陰太陽，少陰少陽，太剛太柔，少剛少柔。太極拳之手八法備焉，曰：「掤、攦、擠、按、採、挒、肘、靠」。「一」以「中」分而陰陽出，陰陽復而四時成。「中」為生化之始，合時成用，五氣行焉。東有應

木之蒼龍，西有屬金之白虎，北陸玄龜得水性而潛地，南方赤烏得火氣而飛升。中土孕化，以生成而明德。五行生剋，太極拳腳之五步出焉。曰：「進退顧盼定。」

夫太極拳者，呼吸二五之中氣，手運八法之靈技，腳踩五行之妙方，上下內外與意合，節節貫串於一身。因而萬千之變，無乎不應。此所以根出於一，而化則無窮，太極拳之所寓焉。俾使學者默識心通，故為說之而已哉。

太極拳秘傳

太極拳，功有濟世之法，技有運身之術。示外者足矣。而修行之秘，須寶而重之，不得輕授。倘傳匪人，則遺禍為害，寧不惕哉！

訣曰：沉氣於腹，以意定之，不得妄提。聚而鼓蕩，狀若璇璣，意活而運，氣如輪轉。其要不離腹中。此所以「刻刻留意」者耳。

神領全身，以手為先。腳隨手動，身隨腳轉。意與神通，氣隨意走，筋脈自隨氣行。此所以「舉動」、「用意」者耳。

夫太極拳者，內氣之鼓蕩運動，須與外形之勢同。凡舉動，神意互戀，神領手訣，而意令氣運，由手而肘，而肩，而腳，而膝，而腰，自可達以眾歸一之道。此即上下內外合為太極之妙術也。

手有八法而一神虛領，氣有百環皆隨意而定。神主陽而行外，勢也，形也；意主陰而主內，精也，氣也。手為陽而動於上，腳為陰而移於下，妙在俱合，靈在俱鬆。勢未動而意已動，神意俱在形之先。勢不可執，以神意為機變，無須

以成架為局焉。

（張楚臣）

太極丹功義詮

道自虛無生有爲，便從太極中規循，
天地分判陰陽義，人法自然意合神。
道心玄秘守天根，內丹培育成在坤，
精氣合煉延年藥，渾然天人俱忘春。
悟得天心道基尊，生生妙境育靈根，
抛卻名利海天闊，寰中日月隨心神。
兩支慧劍定中土，一團和氣沖玄門，
蒼海無浪緣龍蟄，青天恬謐赤子心。
精氣神喻三祖孫，氣爲先祖萬物根，
精乃氣子生神意，積氣生精自全神。
出玄入牝呼吸循，念念歸底海容深，
俟至地火噴湧時，百脈俱活修全真。
三花妙合統在神，五氣聚分權由心，
修德培土孕內丹，日月真息火候存。
三魂息安畫夜分，兩弦期活朔望臨，
但使方寸宅謹守，黃芽白雪何須尋。
汞借水銀喻人心，鉛如鋼鐵比人身，
嬰兒姹女也如是，黃婆撮合土意真。
坎離分合水火輪，注生定死本命根，
上下左右皆非是，中腰陰陽兩腎門。
子午上星下會陰，戊己神闕併命門，
庚申金氣土德藏，坤火巽風意息存。

乾中陽失翻成離，坎得中實轉易坤，
化陰抽陽還健體，潛藏飛躍總由心。
寅時面南守天根，舒形緩息漸寂隱，
恬淡念沉入深海，無物腹虛靜無塵。
大道無聲緩緩運，一縷綿綿下歸引，
漸細漸長谷底滿，收聚散氣團仙真。
日追月墜曉星臨，三光先後開天門，
深山寂幽溶溶夜，恰是道基初生根。
貪龍欲騰行沛霖，怒虎出洞將吃人，
天符一道玉音降，虎歸龍伏修清心。
陰陽媾合龍虎吟，意凝神醉戀魄魂，
心腎交合水火濟，田蒸海溫好浴身。
紫氣炎焰沖玄門，肌爽竅開樂人倫，
甘露瓊漿天池滿，餌津潤臟滌身心。
潛龍勿用築基因，見龍在田產靈根，
飛龍在天運武火，亢龍有悔行退陰。
祖氣復入閉開門，腹胎意轉運法輪，
能令十息緩緩吐，三十息上可調神。
精生靈根氣護神，神定身中息自沉，
內息氣運精神固，此真之外更無真。
神行氣行元海運，一輪始終胎息勻，
善養生者在守息，物欲善者勤養根。
太極一氣延年藥，氣命神性雙修門，
天地合育續命芝，但知求我不求人。
肢鬆心沉入臍輪，太極未分是真陰，
一陽動處天意現，神令手運移崑崙。

挽起光寰轉乾坤，氣滾意馳腹中尋，
龍翔九天雲伴起，虎嘯幽谷風摧林。
借勢循向在心神，貼從璇璣妙進身，
順力渾然迷不覺，勿用氣力反傷根。
腹虛若海載萬鈞，能運沉浮善曲伸，
神形意氣能一處，移山倒海翻乾坤。
陰催陽轉陽催陰，可知玄奧在腹心，
丹田一球璇璣活，舒合恬逸動無塵。
孰曉腹氣圓活真，調腑理臟順經筋，
若得壽高神體健，不枉當初勤練身。

（王柏青）

太極丹功要術

　　天地人靈，道存唯此。欲修丹功，象天法地。參自然而合人身，奪造化在悟玄機。入內三寶精氣神也。修者寅時合道，須擇幽靜之處，背北面南，氣收地靈，直立兩肩之中，安定子午之位，氣沉腹臍，意志孕合，心靜而息寂，呼吸悠長至若無，脈流而氣催，神意俱會似如失，意導氣運，腹輪常轉。雜念止則內外鬆適，心念靜而呼吸若一。意氣互感，暖流回轉，其態若輪，生生不息。此為一渾圓，修久可享遐齡。

　　一、流轉而無微不到，陰陽和合而化育五臟，運行於筋骨、經脈，營衛於肌膚、毛孔，通連於天地祖氣。氣機循環升降有序，身遂升降而起伏，手隨機勢而運形。形動而神靜，意會而勢靈。微風也能順化，葉落亦能知警。登此門堂，許為初成。

功既有成，須明用道。太極之妙，首在心神。惟心靜能詳察進退之機，惟神領可體悟起伏之道。進因降而起，退因合而伏。其法曰神、曰氣、曰形。神者能輕靈，氣者有剛柔，形者可縱橫。以神擊敵為先，身未動，威先發於瞳，傷敵之神，令彼膽寒。以氣擊敵，勢未成，而無畏浩氣出，破敵之氣，令彼心怯。以形擊敵，俟敵動身，應形合之，制敵之形，令彼跌仆。內靜外動，外疾內緩，神靜而意動，心靜而氣動，息靜而身動。眼欲疾而神須緩，步欲疾而氣須緩，手欲疾而心須緩，內態靜緩，外形愈疾，身無所亂，無虞身疲。

運功發勁，外柔內剛。卷之則柔，發之成剛。柔為長勁，剛為瞬間。化敵之力，纏綿如絲。圓而勁柔，擊敵空門，勢若奔雷，循方直達。柔則鬆弛，內氣如縷不斷。剛則開張，瞬間一瀉千里。意深如此，惟氣行之。動如簧彈箭發，靜如山岳雄峙。功不間斷，持久通靈。氣機活潑，由心外揚，感應通神。人未臨身，已知來犯之處。意令氣發，去則攻其無救，人未明而立仆。警心賽（註：文由此處中斷）。

《太極秘術》殘本評述

析其《太極秘術》殘卷內容，它具有極其珍貴的五方面價值。

一、它為考證趙堡太極拳關鍵人物蔣發的歷史年代，以及其他傳人的歷史年代，提供了有力的輔助證據

按趙堡太極拳歷來認定的傳統說法，蔣發先生生於明萬曆二年（公元 1574）。1930 年杜元化先生出版的《太極拳正宗》中也認定了這一點。但近幾十年來，趙堡太極拳派之外的一些人，不知就裡，憑藉某些以訛傳訛的資料進行考證，造成蔣發生平年代的矛盾與混亂。一種從對《陰符槍譜》作者「山右王先生」的「考證」，認為「山右王先生」即是太極拳家王宗岳，其活動年代在清乾隆五十六至六十年（即公元 1791～1795）。由此推論，王宗岳的弟子蔣發只能在乾隆之後的嘉慶年代了。

　　另一種是以尚缺乏確切根據的「陳長興序」為證據，言陳長興學藝於蔣發，以陳長興「作序」的年代「嘉慶元年菊月」（即公元 1796 年陰曆 9 月）為依據，指蔣發生平年代在公元 1796 年前的幾十年。這兩種說法不但將王宗岳與蔣發搞成了幾乎是同齡人，使師徒關係發生了年齡上的矛盾，也與趙堡鎮的傳統說法大相徑庭。

　　在《太極秘術》原序裡，就為趙堡太極的傳統說法起到了有力佐證。原序的作者王柏青，他在開篇第一句說的就是「余從師於溫州張楚臣」。其中又言到，「余秘而習之已歷四十餘載」；落款是「雍正六年冬月，愚叟王柏青留示」。雍正六年即公元 1728 年，「愚叟」之自稱，表明作序的王柏青當時已是七八十歲的老人。他的生年則應在公元 1653 年左右，即清順治十年左右。這時正是清朝的最初期，王柏青為趙堡太極第四代傳人。以他的生年往前推三代，推至蔣發的生年——明朝萬曆二年，即公元 1574 年，其間有八十年左右，三代間隔平均時間是二十七八年，這非常吻合於蔣發生於明朝萬曆二年這個時段事實。

這一史料證明了趙堡太極傳人對於蔣發生平年代歷來的說法，毫無疑義是正確無誤的。

二、它彌補了趙堡太極拳自王宗岳之後幾代傳人沒有論著留世的缺憾

我們知道，趙堡太極拳自蔣發為第一代算起，至今大致已傳下十二三代。現以第八代往上追溯，和兆元、張汶（8代）→陳清平、張應昌（7代）→張彥（6代）→張宗禹（5代）→陳敬柏、王柏青（4代）→張楚臣（3代）→邢喜懷（2代）→蔣發（1代）。這八代傳人，今只有第八代傳人和兆元少有論著留世，上邊七代傳人此前均未見到有論著留世。近年出版的趙堡太極各種書籍，還包括三十年代杜元化出版的《太極拳正宗》，都只有蔣發之前張三豐、王宗岳遺留下來的拳經論著。

這難道是「言祖不言師」的原因所在嗎？顯然不是。因為第八代上和兆元就有論著，還有陳清平傳第八代武禹襄後形成武式太極拳，武禹襄、李亦畬都有論著留世。太極拳發展的必然情況是，在傳承關係上應該「言祖不言師」，而在理論技術上則應該有歷代傳人的獨到領悟和發展創新。所以說，以前見不到前幾代傳人的論著留世，現在看來不是沒有，而是歷代傳人們保守秘訣不願外露。年長月久，由於各種複雜原因導致史料散失，不能流世。今《太極秘術》能得以保存下來，其中也涉及到這些原因。可喜的是，《太極秘術》殘本，保存下來了第二代傳人邢喜懷的《太極拳道》、《太極拳說》二篇，第三代傳人張楚臣的《太極拳秘傳》一

篇，第四代傳人王柏青的《太極丹功義詮》、《太極丹功要術》二篇。這些太極拳經的新發現，使趙堡太極的理論體系與承傳關係得到了進一步的充實和完善。

三、它打破了趙堡太極拳七代以前皆為單傳的說法

包括趙堡太極拳傳人在內，以前均認為自蔣發（一代）到七代陳清平、張應昌，其中六代皆為單傳。故在趙堡太極拳傳承表上，六代只有六個人的名字。第四代只有陳敬柏。而在王柏青先生《太極秘術》序中明確言道：「余從師於溫州張楚臣。先師曰：『是術得之於道門，精微□□□不可言傳之妙。德不修者不與之，名利重者難成之，才不足□□□之。故擇者不易，爾宜慎密勿惰。』」此段敘述說明王柏青為張楚臣的入室弟子，是堂堂正正的第四代傳人。回想趙堡太極拳第一代傳人蔣發，當年從王宗岳學藝，藝成歸里時，王老夫子告誡曰，此術不得妄傳匪人，若遇聖人必傳，能廣傳更好。如遇聖人不傳，如同絕嗣（大意如此）。說明趙堡太極前六代並不必定是單傳，只是秘傳和擇人而傳罷了。又可能在趙堡鎮，只樹掌門人的名字，故他人則不為後人熟知，便誤以為是單傳。

現在所知，一代蔣發曾傳藝給陳王庭，三代張楚臣傳藝給王柏青（王柏青序中說「余從師於溫州張楚臣」，說明他不是溫縣人），五代張宗禹傳藝給原法孔，七代陳清平傳永年人武禹襄，這些都說明，趙堡太極拳的歷史傳承，既不是保守的，也不是單傳的。

四、它證實了太極拳源自武當張三豐的真實可靠性

我們已知，從民國初年開始一直到現在出版的絕大多數太極拳的書籍裡，都傳統地記載太極拳是元明時期武當丹士張三豐集大成創造發明的。各太極拳書籍裡大都收錄有張三豐與其弟子王宗岳的太極拳論著。這些文獻並非是互相轉載，而是來源於各家歷代傳人的文獻收藏。但近幾十年，僅憑武術界個別持不同意見的權威人士淺識陋斷，竟掀起了一陣否定張三豐創太極拳的濫潮，造成了太極拳史的混亂。而《太極秘術》的發現，無疑又是一個最有力的撥亂反正。

王柏青編撰《太極秘術》，寫序的時間是雍正六年，即公元 1728 年。這時他已是七八十歲的老人。他從師於張楚臣，「秘而習之已歷四十餘載」，當初必是青年時事。若以寫序時間往前推五十年，即他拜藝之初，那是 1678 年，即康熙十七年。這時的第三代傳人張楚臣同他講「是術得之於道門」，絕不會是弄不清該門承傳的源流。

因為張楚臣與蔣發，中間僅隔了一代，張是蔣老夫子的徒孫。若將 1678 年推定為張楚臣的五十至六十歲，由此向前推三十至四十年，即張的年輕受藝時期，時為 1638～1648 年之間，這時的蔣發年紀在 64～74 歲之間。可見，這種傳承歷史的來龍去脈，張楚臣不但可從師父邢喜懷那裡了解清楚，也可以直接從蔣老夫子那裡得到傳授。這種「得之道門」的概括說法，離源頭最近，故而真實可信。此和公認源於武當張三豐所傳，事實上是一回事。

再者，保存下來的五篇拳經，篇篇都有涉及內丹養生之道的論述。王柏青的兩篇文章，連名稱都定為《太極丹功義詮》和《太極丹功要術》，可見此「得之道門」是傳承歷史的真實陳述。由此我們也看到一種不容忽視的現象，即太極拳由道門傳至民間，只有在早期，民間傳人們還能把內丹養生作為要旨看待。傳代越遠，也就漸漸背離養生宗旨而趨向樂道於技擊之末技。即談養生健身，也與內丹修煉之旨相去甚遠。

五、《太極秘術》的留世是得自於非太極門派的醫家，它保證了該史料來源的真實可靠性

該《太極秘術》保存下來了一篇介紹該書稿如何得以部分保存下來的序言，非常重要，珍貴難得。「序言」作者叫劉鳳梧，汜水人（即今河南鞏縣東南滎陽縣人，與趙堡太極拳所在地溫縣僅隔著一條黃河），寫序時間是民國六年（公元 1917 年）春天。

劉鳳梧在《太極秘術・序》中寫道，他從小失去父親，為維持生計，後來繼承學習祖上遺傳下來的醫術。一次偶然在家藏《景岳全書》卷九「雜證十三卷・瘟疫」中，發現夾有他祖父手錄的太極秘術，僅剩有數折，而且字跡潦亂。不過這些字尚能辨認得清楚。為了不使祖上的遺物散失無存，他特地又工整抄錄了下來（現存之《太極秘術》便是劉鳳梧的抄錄本）。

劉鳳梧在序中說，雖然他祖上傳下來有太極秘術的書稿，但他們家祖輩與太極拳術乃至其他武術均無關係。

劉氏既無家傳太極拳術,那麼《太極秘術》書稿又從何所得呢?

劉鳳梧敘述說,他祖父劉恆山,生於清道光八年(公元1828年)。先經營過藥材生意,後專務醫道。咸豐十一年(公元1861年),劉恆山路遇一位窮困的病人。經他救治,不見效果。他以為自己醫術不高,就進城鎮請了一位知名的老郎中來。老郎中一摸病人的脈,搖頭就離去。那病人見此情狀,知道自己生命無望,危在旦夕,就拜託劉恆山為他料理後事。劉恆山答應下來。病人感激劉恆山是個好人,從懷裡掏出一本冊子囑咐劉恆山把它抄錄下來,然後將原本跟他隨葬。劉恆山就隨便抄錄了其中一點兒,隨即將原本仍放置病人的懷中。病人去世後,劉恆山會同鄉里進行了妥善的安葬。《太極秘術》就這樣在劉家保存下來一點殘篇。

劉鳳梧「序言」披露的事,使我們可以明確分析出以下情況:

1. 氾水與溫縣一條黃河之隔,咸豐年間(公元1851~1861年),太極拳在趙堡已傳了二百多年,而且這時陳式太極也頗負盛名;然居住在河之南岸的劉恆山卻幾乎不太了解。這反映了三種可能:一是太極拳在當時傳播的地域封閉性很強;二是該地區文化、交通落後,消息閉塞;三是隔行如隔山,行醫的劉恆山只務醫道,對拳法武技不感興趣。

2. 病人是作為最珍貴的禮物報答恩人,而讓劉恆山抄錄《太極秘術》的。但劉恆山對太極拳一無所知,更不會知道這些太極拳經典的珍貴,只是出於尊重病人的遺願才抄錄了《太極秘術》的。正因為他不知太極拳的珍貴,僅出於尊重病人的遺願,所以他才象徵性地抄錄了一小部分書稿。當

然，也可能因為病人生命垂危，他需要料理後事，而無更多時間來抄錄書稿。所以抄錄的既不多，也顯「字草潦亂」。總而言之，正因為這一特殊歷史背景，使得殘留的《太極秘術》來源具有令人信服的真實可靠性。

3. 被劉恆山搭救的病人顯然是趙堡太極拳某代傳人。

咸豐十一年，離雍正六年趙堡太極拳第四代傳人王柏青編撰《太極秘術》已過去百三十餘年。這時趙堡太極拳已傳到七八代上。這個時期是陳式太極拳、楊式太極拳、武式太極拳都已形成、成熟並頗負盛名的時候。但肯定地說，陳、楊、武式太極拳這時都未能獲得趙堡太極拳門中所擁有的最原始、最完整、最豐富的太極拳歷史文獻。趙堡太極拳傳人們必然為了保持其權威資歷的地位，對其史料的收藏視同生命一般重要。故而病人就是死去，也要將《太極秘術》一同殉葬。「寧可失傳，不可濫傳」之意，昭然可見。若非他為劉恆山的善行所感動，又因劉恆山並非一個練拳人，他才讓他抄錄，使《太極秘術》得以部分幸存下來的話，此事必將成為趙堡太極拳乃至整個太極拳史上的一大憾事。

4. 珍藏《太極秘術》的病人理應是趙堡太極拳的一位入室弟子，但他最後病困道途，不可救治而死，這說明他僅是粗得口訣，並沒能將太極功夫練到自己身上。這個事例說明，有真功之傳，還應有真功之學。門派的正宗與弟子能否學出真正功夫仍是兩碼事。

（王震川獻稿　譚大江校評）

第 **4** 章

趙堡太極拳傳授方法

第一節　因人施教

學習太極拳技藝，傳授是重要的一個環節，所以傳授者首先必須明確從學者的體質及學習目的。

雖然太極拳技藝是老弱婦孺均可從習的養生健身運動項目，但在傳授時應以從學者的身體素質和從學者目的的區別傳授形式、內容。這和醫生治病一樣，病雖一類，但由於患者性別、年齡、體質不同，施藥也就各異。

在歷代太極拳傳授實踐中，先輩們均積累有豐富的經驗和結論。如體弱、年老、病人及部分文人，傳授則以養生為主，拳藝附之，防身技擊作參考；如幼年學者則以拳藝為主，技擊附之，養生作參考；而青壯年學者，三者則可以齊頭並進的傳授，並嚴格要求。

總而言之，依太極拳理論和實踐，養生、拳藝、技擊三者是互相關聯、不可分割的，只可以主要和次要參考。此即因人施教的方法。

第二節　學分四期

學習太極拳為什麼要分為四期呢？因它理論淵博，與實踐相結合要由淺入深，循序漸進，急於求成則可能產生弊端。

第一期，為初學入門階段。首先要端正姿勢，明白方向，並以鬆柔為起步，認真地一勢一招進行摸索學習。姿勢由不端正到端正，方向由不明白到明白，動態由僵硬到鬆柔，日日研進，月積年累，不能草率。

此是初學的關鍵。要培養從學者的耐性和毅力。俗話說：「萬事開頭難。」又有言：「有志者事竟成。」姿勢端正後，再根據各人的身體條件去領會掌握拳藝的要求。

首先要鬆關節，柔筋絡，為此身法運動要有原則性地放大。拳法中雖有「大則滯」的說法，但那是對高境界而言，是實踐過程的最後總結。初學者不必過於拘泥於此，還是應當由大自然變小，由滯自然變靈為宜。

因為，初學者如果身架不放大，就達不到鬆柔的要求，尤其是大關節，如肘、膀、胯、膝尤須放大，繼而小關節一一放鬆。如此關關放，節節開，經絡自通，氣血自暢，筋骨自柔，才能臻入小而靈的境地。

第二期，在姿勢端正、方向明白、形體鬆柔的功能基礎上加上圓活。此理在於惟圓活才能使肢體軟化，才能達五臟氣血循環平衡。怎樣運用圓？運動時身行圓周，肢繞圓周，手畫圓周，步走圓周等等。

總之，一舉一動都要以圓為準則。怎樣運用活？即「三

節」要活（詳見《九要論》之第三論）。明三節之活，則活。功夫有了鬆柔圓活，才能夠使身體增強活力，充滿生機，達到袪病延年的效果，而在拳藝方面也因此獲有初步的紮實基礎。

第三期，太極拳功能中關鍵性階段，要求以外體運動帶動內勁功能，因此也就要求學藝者掌握更全面的理論。以及與實踐相結合的運動方法要領知識。

這一階段在鬆柔圓活的基礎上有六個方面的要求：

1. 懂勁

氣、力、勁固本一體，但在太極拳技藝理論中實有區分。前已說過，氣屬自然先天性的元氣，力是後天性的人為用力。然而通過太極拳的姿勢協調，就可將氣與力的相對獨立性發生轉化，即發生變化結合，成為統一體的內勁。姿勢成時謂氣沉丹田，由姿勢轉化帶動丹田之氣的發放，此之方為勁。所以學者務必要懂丹田發出的勁。因為惟有它才是氣、力、勁的統一體。

2. 陰陽翻轉

運動有動靜，動靜分陰陽。在陰陽變化中，內勁的帶動起主導作用（詳見《九要論》之第二論）。所謂陰陽翻轉（即虛實變化），即指內勁能自由運用，或動或靜，或快或慢，或剛或柔，純出自然，方能變化無窮。

3. 周身相隨

運動中內外一體，一動無不動，一靜無不靜（詳見《九

要論》之第一論有關部分）。

4. 明四梢

人之身體內氣血循環本有自然規律。因此，四梢在運動過程中，務必使氣血循環以自然規律運行，放則能出，收則能入，開則能揚，降則能沉，縱橫往來無不合其自然（詳見《九要論》之第四論）。

5. 明六合

運動中務必使身體內外協調，使形體運動體現出最佳整體性、和諧性。這是為了帶動內勁，只有四肢百骸的協調配合才能達到目的（詳見《九要論》第六論）。

6. 步法

步為一身之基礎，運動之樞紐。抑揚伸縮，進退高低等，非步無依無宗。因此步法惟以穩、輕、靈活為要（詳見《九要論》之第九論）。

綜上所述，在運動鍛鍊過程中，理論、實踐、方法、要領，都必須互相配合，最後才能獲得內外一體、肢體柔化和內勁帶動的功能，才能達到練好太極拳內功基礎的目的。

第四期，用功階段。係由外體運動帶動內勁的不斷訓練。待行動自如，得心應手時，則可轉化為以內勁引領外體運動的階段。

此階段以柔中求剛為要旨，以輕靈圓活為輔佐，以中正平圓為運動的方法，逐漸向高級階段攀登造化。

以前階段（即初級階段）較大的身法，逐漸向小則靈的身法轉化，繼而走向有形之圈變為無形之圈，外動變為內動，純由內勁以自然規律的圓運動發揮作用。而從表面上看，外形則無圓運動活動。能達如此高功能者，實為來之不易。然應更加努力，以便向更高神化境界追求。

更高境界已達到最佳養生之效，它在技擊上的表現已是「一羽不能加，蠅蟲不能落」，「柔中有剛，剛柔相濟」，「軟如絮棉，硬如金石，滑如池魚，黏如膠鰾」，以及「四兩撥千斤」之妙術。因為此階段已達到精、氣、神一元化的高境界技藝功能狀態，和非常有序化的生命運動機制，所以也就自然達到返老還童的妙境。

第三節　拳勢套路

趙堡和式太極拳套路由七十二式組成。為便於初學入門，每式中初步分為四個動作，拳法術語稱此為四個勁。因此，全套路七十二式共有二百八十八個動作，亦即為二百八十八個勁。起步學時要一勁一勢地蠶食學，即先把前一勁一勢學會，再往後一勁一勢地學，以至逐步學練完一套拳。

在堅持學練的過程中，一般都會有很深刻的體驗。即：有幾勢學的正確，就會有幾個勁的感覺。所以總的要求是要達到全套姿勢正確，從而達到全部勁的感覺。

以一層功夫一層理的原則，則能逐漸體驗出在功夫昇華過程中各種不同層次的勁感覺，方能體會拳無止境的論證。學者不可不先知此理。

第 **5** 章

趙堡太極拳用功形式

第一節　站功

　　站功。場地無論大小，能容身即可，但要平坦，安靜，有花木流水、空氣清新之環境尤好。站功身法要端正，自頭至腳要求自然空鬆，整體配合協調。

　　具體做法：虛領頂勁（順直脖頸，脖頸中心有似線穿百會往上提之感。平常人的脖頸習慣是往前傾，順直的方法是脖頸稍微後靠，下頷稍微內收）；兩目平視，不可著意外界物像的觀察；微叩齒；舌尖輕上卷舔上牙根，上下嘴唇自然相合；沉肘鬆膀（沉肘在於自然，只要肘、膀全然放鬆不著力，就可達到鬆沉）；含胸掰背（胸不挺，兩肩微前收，背呈圓弧狀）；微收小腹使尾脊端正；鬆膀提肛（鬆而不塌，膀鬆肛自提）；膝微屈鬆（雙膝受上體壓力務要均衡，不使有酸乏感）；兩腳與肩等寬，成不了不八步形，腳掌心空虛，腳趾踏地，腳前掌、腳後跟要均衡承受身體的壓力；兩手呈掌，十指微張（自然伸展）停放於兩大腿前部稍側部位。如此站好後意微關照丹田，似守非守，不可用意過重，即成氣沉丹田之狀。

站功勢成後，周身關節鬆弛，呼吸自然，氣血循環周流暢通。站功得法，勢成後有五種感覺：

1.百會穴像嬰兒似的有呼吸跳動感、氣的出入感、回旋感等；

2.舌下津液不斷湧沁，遇此情況可分若干小口徐徐咽下；

3.丹田處有微溫和氣動之感覺；

4.五臟之氣行於兩手指梢；

5.湧泉穴似有氣在沖動。

除此之外，周身還有許多細微舒愉的其他感覺。否則必是身法和心意沒有達到要求，或是站的時間過短，式成後未達十分鐘以上。

站功符合法度後，保持安靜的心理、自然的呼吸，即可收到全身平衡、陰平陽秘、元氣生動、氣血暢通的效果。

第二節　坐功

坐椅高低適宜，落坐後大腿與膝大致形成水平狀。坐功身法同樣要端正，上體要求均與站功同；區別僅在手足姿勢上。兩手掌面向下放於兩大腿上，兩手中指尖與兩膝齊；兩膝間距與肩同寬，並與兩腳跟上下垂直，兩腳略呈內八字形。

坐功同樣要求心理安靜，呼吸自然，氣沉丹田，周身關節鬆弛。坐功在達到上述要求後，過十分鐘，也逐漸會產生站功的感覺。練到高層次，無論站功、坐功，均會使人全身有混圓虛靈、明靜之感。

坐功在養生調氣上與站功有相同效益，不同點是站功對鍛鍊人腿的支撐穩衡力有特別作用，而坐功對鍛鍊人的尾骨支撐穩衡力有特別作用。兩者在拳藝中各有重要功能，可以互相補充，而不能互相代替。

第三節　臥功

臥功有左側臥和右側臥兩種。食後適宜右側臥。方法為：

側臥時枕頭與肩平，右臥屈右肘，手心朝上平放枕上，以頭枕之，耳朵放於食指與拇指間（此法可使耳朵空虛，不受堵塞）；或手掌平放太陽穴前，沉肘鬆膀。左手掌拖伸放於左環跳穴上（臥時大腿向內一側的位置）。右腿自然伸直，左腿微屈停於右腿之上，左膝在右膝之上，左腳在右腿之上。

如此臥後，心情安靜，呼吸自然，周身關節鬆舒，自然氣沉丹田。左臥與右臥姿勢正好相反。如此臥法身心舒適自然，氣血循環平衡，也易入眠。所謂「曲肱而眠之，樂在其中」，即此也。

凡睡覺若能保持此臥法，則為修功不斷，其功能效益極利於養生。

第四節　行功

行功指平時走路的身法，重在保持上體端正，虛領頂勁，沉肘鬆肩，收腹含胸，目不妄視，耳不妄聽，心不妄

想，氣歸丹田。

行走時以身體帶動兩臂自然擺動，兩腳步伐快慢和跨度適當。如此行走輕靈飄逸，有日行百里不倦之感。行功之法不獨於養生健身有益，拳藝中的步活、身正也賴此基礎鍛鍊，所謂「邁步如貓行」即此。沒有長期行功鍛鍊和在拳功中的不斷實踐體悟，那就很難達到目的。

第五節　拳功

拳功即練拳，以七十二式組成的太極拳套路進行運動鍛鍊。拳功是養生、健身、防身鍛鍊的中心活動。為了達到此綜合效益，它制定有具體姿勢轉動變化和功能的整體要求。具體學習方法則可根據實踐詳細參考書前面各個章節。

第 **6** 章

趙堡太極拳技術套路

第一節　動作名稱

預備勢

1. 金剛三大對（搬攔捶）

2. 懶扎衣

3. 白鶴亮翅

4. 單鞭

5. 金剛三大對（斜式）

6. 白鶴亮翅（斜式）

7. 斜行

8. 高探馬（拖槍敗式）

9. 躍步斜行

10. 高探馬（拖槍敗式）

11. 如封似閉

12. 伏虎（寬衣解帶）

13. 串捶（金絲纏插）

14. 肘底藏拳

15. 倒卷肱

16. 白鶴亮翅

17. 斜行

18. 閃通背（倒掃堂）

19. 白鶴亮翅

20. 單鞭

21. 雲手

22. 左高探馬

23. 右拍腳

24. 右高探馬

25. 左拍腳

26. 左蹬跟（一步三捶）

27. 青龍探海

28. 鷂子翻身

29. 二起拍腳

30. 分門樁抱膝

31. 蹍足蹬跟
32. 鷂子翻身
33. 右蹬跟（左右攔馬掌）
34. 掩手捶（七寸肘、七寸靠）
35. 抱頭推山
36. 白鶴亮翅
37. 單鞭
38. 前後照
39. 野馬分鬃
40. 玉女穿梭
41. 懶扎衣
42. 白鶴亮翅
43. 單鞭
44. 雲手（童子拜佛）
45. 跌岔（二郎擔山）
46. 掃堂腿
47. 左金雞獨立
48. 右金雞獨立
49. 雙跌腳
50. 倒卷肱
51. 白鶴亮翅（斜式）
52. 斜行
53. 閃通背（倒掃堂）
54. 白鶴亮翅
55. 單鞭
56. 雲手
57. 十字手
58. 單擺腳
59. 吊打指襠捶
60. 金剛三大對
61. 懶扎衣
62. 右扎七星（七寸靠）
63. 搬攔捶
64. 回頭看畫
65. 白鶴亮翅（背式）
66. 單鞭（背式）
67. 左扎七星（七寸靠）
68. 搬攔捶
69. 跨虎
70. 雙擺腳
71. 彎弓射虎
72. 金剛三大對

收勢　合太極

第二節　七十二式分解

預備勢

即無極或站功的起式，以面向東定位，站式（見前站功說明）。上身中正，向下落沉，右腳向外開動45°。開動時腳趾不能翹起，以腳跟為軸水平滑移。兩手隨身鬆沉下落至膝下時，右手外翻至體右側中心線，以肘為中心向上翻轉，經頭頂時手心與百會穴斜向對照，再由天庭向下按。同時左手帶動左腳向左前方邁出一大步（步的方位如騎馬步大小），左手由肘為中心向上翻動與左耳對照，繞一圓圈向天庭前下按。此時左右手在天庭前會合，右手在上左手在下，兩手扣嚴成交叉之勢，一齊向下按至小腹前自然分開。右腳在雙手下按、身軀前進提起、微離地面時隨體前跟。按勢完畢，腳亦同時落穩，全身恢復原始身法。目平視，面仍向東（圖1～7）。

註：上步時周身要向下鬆，切忌側身掰膀，低頭彎腰。臂部要膀、肘、腕三節轉動。

第一式　金剛三大對（搬攔捶）

接上式。左手帶左腳，右手帶右腳向外開轉45°。左右手一齊掤出。掤出時帶動左腳向左前方邁出一大步。此時兩腳位

圖1

圖2　　　　　　　圖3　　　　　　　圖4

圖5　　　　　　　圖6　　　　　　　圖7

置呈兩個 90°對角。步以騎馬式大小。右手掤出時由下向上取中心線，掤出時食指與鼻對照。左手掤出時由下向上左呈內弧形走勢，定位於右手距尺許於胸前。兩手指梢節朝上，左右手掌均微外翻呈半陰半陽狀。兩臂以直中求曲。步為左前右後弓箭步。手梢節與肩略平，成掤式。

掤式成後，相繼轉攦式：兩臂隨身轉動微向下移；使左手居體中心；右手偏右；步呈完整弓箭步，此攦式成。

攦式繼續向擠式轉化：兩腿隨身成騎馬步；兩手同時轉化為合掌式，此擠式成。

兩手轉化為按式：按時兩膝屈；身體向上起。兩手向上推按時，帶動右腳向前上步。推按時兩手如立刀形。推按到位，兩手變仰鏟狀，掌心鼓起以助按勁，此按式成。

隨即兩手轉化，右手微伸超左手，即徐徐收掌變空心拳繞過左手指回轉下收；左手在右掌變拳時向外翻轉，微貼右拳面上，隨右拳一齊下收，落在肚臍部位。左掌在臍下，右拳在臍上，約距半寸。兩手收在腹前時，已上前的右腳隨兩手落地。此時三大對完成。

兩手按後繞圓時，要顯示出點、戳、搬、攔之勢，成式面向東（圖8～14）。

註：

1. 兩臂掤圓要沉肘鬆膀，攦不側身向下轉動。擠時由弓箭步轉騎馬式。按時長身上步，使有彈性的手腳一齊發出，轉化成式三大對。成不丁不八步。

2. 太極拳的原則是後發制人，與對方

圖8

圖9　　　　　　圖10　　　　　　圖11

圖12　　　　　　圖13　　　　　　圖14

交手不先發勁。所以它在運動時，「掤」是接對方手肘或器械；「攦」是化對方來力，引進落空；「擠」是拿法，聽準對方的重心來力；「按」是發勁；點、戳、搬、攔是採拿手法。行功時認真注意每個姿勢的轉化環節，應用時才能得心應手。

3.要將基礎理論逐漸融會貫通在拳勢之中，即實踐結合理論。練時周身要相隨，練一套拳要一氣呵成。上自百會，下至湧泉，肢體雖有千變萬化，但不能斷勁，要有藕斷絲連之勢。動則生陰陽，陰陽即虛實。欲明虛實，詳見前《九要論》。

4.具體運動要處處符合理論之要求，即將沉肘鬆膀、含胸拔背、虛領頂勁、氣沉丹田等在形成每個拳勢中全部表現出來。太極拳未動時為無極，陰陽合一。一動則生陰陽，姿勢雖有千變萬化，但勁總由丹田發出，所謂「無處不陰陽，無處不太極」。如此循環方能收到預期效果。

第二式　懶扎衣

接上式。身體微向下鬆沉。同時鬆膀，兩膝微屈。右拳變掌，沿體中線向上與眉齊；左手直線向下置於襠前，兩肘緊束脇，手心相照。右手向右，左手向左各轉 180°時，帶動右腳向右邁出一大步；同時右掌自下而上從胸前向右上畫出，隨右腳落時一併按下，右手梢與肩平，手、肘、膀與腳、膝、胯相合；左手在右手由體中線上行時，於胸前沿右手外側下行，有利刃破竹之勢，遂以弧線運行落於左胯骨處；掌心向內，拇指在前，四指在後。

此時兩膀向前扣，左肘亦向前扣。周身鬆弛，成右弓箭

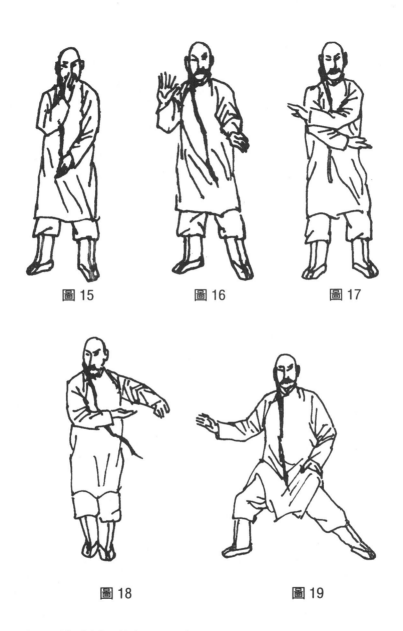

圖 15   圖 16   圖 17

圖 18   圖 19

步，面仍朝東（圖 15～19）。

註：沉身鬆膀，兩肘轉化，兩手畫圓像抱球形。鬆肩沉肘、氣沉丹田、兩肘轉動時，表現出擒拿手法。

第三式　白鶴亮翅

接上式。左手拇指點左大腿根氣衝穴。右臂向內旋轉，帶動手掌由體中心線下畫至襠，再向外轉畫，由右膝下以肘為中心軸繞大圓圈，經百會穴向右前方按出。右腳尖跟隨右手繞圓的方向在原地轉動。同時左手由體中心線向上繞小圓圈，同右手一齊按出，食指與鼻照，右手偏右距左手尺許。此時左腳跟上一步，成不丁不八步形。兩手落位後，指梢與肩略平，面仍向東，全身鬆弛（圖20～23）。

註：

1. 左手拇指點左大腿根氣衝穴時右臂轉動，周身相隨，發勁前囚身，發勁時長身。

2. 此式為接對方右來之手肘、器械，引進落空，以纏繞

圖20　　　　　　　　　　　圖21

圖22　　　　　　　　　　圖23

之勢，不丟不頂，引之就範，勁發丹田，兩掌微向上有彈性地按擊。

第四式　單鞭

接上式。兩手向上至眉前，橫向左畫圓，顯示掤攦形式，並突出擠勁；此時右掌微向上，與右肘配合。左手由完成一個圓後歸於體中心線時，向左側上方斜向發出；同時左腳隨之向左方跨出一大步，成左弓箭步。右手在畫圓完成之時變成勾手，即以大拇指捏中指中節，其他四指緊抱，趁左手斜向發出之時再畫一個圓落位。此時兩臂平伸，沉肘鬆膀，與左弓箭步配合；左手梢與肩平，並與左腳尖上下成一條直線。右勾手低於右臂，與右腳尖上下對照。兩臂直中求曲，尤重六合。弓箭步襠要圓，面仍向東（圖24～27）。

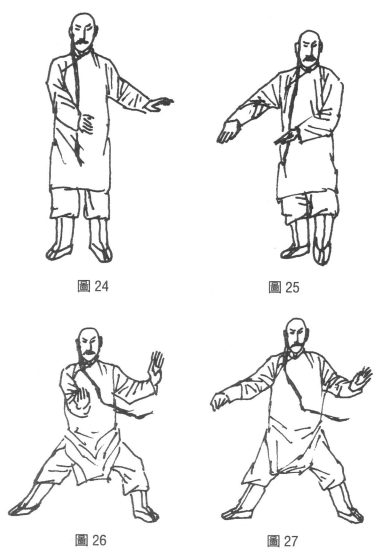

圖 24

圖 25

圖 26

圖 27

　　註：兩手向左畫雙圓，雙圓相套要連環。左手帶腳右手勾，雙臂平伸勁相連。

第五式　金剛三大對（斜式）

　　接上式。周身向下沉，帶動右臂向下翻轉，右勾手遂即變掌，下旋行至體中心線即向上左方向；左手以肘為軸翻成輪掌，與右掌對照成掤式，兩指梢與肩平。繼而兩臂隨體向右轉，左腳以膝為軸，腳跟原地轉動使腳尖右移，兩腿成騎馬式，成攦式；左手畫到體中心線；右手偏右，上體帶動雙臂下沉，成擠式。遂兩手臂帶動左腳尖移至原位，並帶動右腳向左前方上步；兩手向前按擊，兩手心鼓起，以助按勁。繼而右手繞經左手梢徐徐成拳；左手同時轉動翻掌貼右拳面；兩手同時下落在肚臍前，三大對完成。面向東北方（圖28～33）。

　　註：要領詳見第一式「金剛三大對」。

圖28　　　　　　　　　　圖29

圖 30

圖 31

圖 32

圖 33

第六式　白鶴亮翅（斜式）

接上式。向上長身，右拳變掌，向右上方掤起，雙臂向下攦；左腳向西北方退一大步，右腳空步隨左腳下退，轉動不落地，遂再向原步前上一大步。兩臂向東南方經擠勁再按出。左腳跟上，與右腳成不丁不八步。左手食指與鼻相照；右手偏右。兩手指梢與肩平。周身鬆弛，面向東北（圖34～37）。

圖 34

　　註：兩手畫圓時，左右循環要經中心線。意即引進落空，沾連黏隨，不丟不頂，勁發丹田，隨對方來勢順勢按擊。

圖 35　　　　　圖 36　　　　　圖 37

第七式　斜　行

接上式。兩手中收，到胸前時變十字手如鉗形；同時身向下囟。左腿向左跨出一大步，十字肘直向下，由右膝下分開。此時兩腳呈騎馬式。兩手隨囟身伸向兩腿脖處向上翻轉。左手經左耳繞過，至前體中心線，再向下變勾手直取尾閭處，勾指向外。同時右手繞經百會穴向前體中心線按出，手掌向外，食指與鼻相照。指梢與肩平，身隨臂起落，成弓箭步。面向東北方（圖38～43）。

註：

1.斜行為方向斜而身不能斜。囟身時身要端正，不能前傾後仰，要自然轉動。斜行時內含六個靠勁要充分顯示出來，即左右靠、迎門靠、貼身靠、背折靠。初學不易顯示，

圖38

圖39

圖 40

圖 41

圖 42

圖 43

有了基礎功夫，方可注意。

2.兩手臂如鉗形，是引對方貼身，直取膝下。因引進貼身，方能顯示靠勁。

第八式　高探馬（拖槍敗勢）

接上式。收右手帶右腳向右翻轉，收三分之一步；左勾手由尾閭翻轉與肩平，同時帶左腳收三分之一步。左手於中心線繞圈，收步後勾手背於左膝上，手指向上。右手隨收左步，轉陽手停於肚臍前。此時成右腳實、左腳虛的丁字步。左腳跟微抬起，兩膝微屈。似拖槍式，面向東北（圖44～47）。

註：

1. 右手轉動，上與肩平，中收與膝平。左勾手隨身由尾閭翻轉，經體中心線下轉第二個圈後停於左膝上。成式周身鬆沉，右肘束脅向下鬆沉；左肘向左拉扯，勾用於點擊。

2. 進步、收步取其中，兩臂纏繞妙無窮，無槍走似有槍式，用時省力顯輕靈。

圖44

圖45

圖 46   圖 47

第九式　躍步斜行

　　接上式。身體向下鬆沉。鬆右胯。右手隨身向下翻轉，
經膝下向上，隨長身帶動左手向上翻轉；左虛腳向前邁出一
小步並落實。右手與右腳相合，向左腳尖方向按擊。右腳躍
起，橫腳向左腳尖前四指處踏去，落成倒丁字步。左手變掌
與右腳相合，向右腳尖方向按擊。兩臂成十字形。左腳向左
邁出一大步，成騎馬式。兩臂由襠前分開，兩手伸向腳脖處
以後即向上翻轉。下同第七式（圖48～54）。

　　註：躍步不拗拗中順，提起右腳向左踏，上邊打是十字
手，下邊橫腳把腿踏。十字手翻轉與腳一致，是左與右合，
右與左合，適用於左右窩心掌和左右背折靠等。下同第七式
註。

圖 48　　　　　　圖 49　　　　　　圖 50

圖 51　　　　　　　　圖 52

圖 53　　　　　　　　　圖 54

第十式　高探馬（拖槍敗勢）

接上式。收右手帶右腳向
右翻轉，右腳向後退一步，面
向東。同時左勾手由尾閭翻轉
向體前，經肩平，遂向下至體
中心線繞圓圈，停於左膝上，
手指向上。右手隨收步內旋變
掌，掌心朝上，停肚臍前。此
時成右腳實、左腳虛的丁字
步。左腳跟微抬起，兩膝微
屈，似拖槍式。面向東（圖
55～58）。

　　註：同第八式。

圖 55

圖 56　　　　　圖 57　　　　　圖 58

第十一式　如封似閉

接上式。囚身鬆右胯。右手向下，至膝下向上翻轉長身；左虛步向前邁一腳，左腿落地時與右手相合，右手向左腳尖方向按擊。左勾手變掌向上翻轉，與右腳相合；左腳向左前方邁一大步，左手向右腳尖方向按擊，成十字手。左腳向左前方邁一大步，成騎馬式。兩手由襠前分開，向兩腳脖處轉大圓圈，旋起與肩平時向體中心方向下落。此時右手變拳；兩手下落至肚臍止；右拳落於左掌上，成式似三大對式，面向東（圖59～66）。

註：形式似躍步。十字手由前分開。

圖 59

圖 60

圖 61

圖 62

圖 63

圖 64

圖 65

圖 66

第十二式　伏虎（寬衣解帶）

接上式。右拳變掌；兩掌交叉，掌面貼向胸前。然後隨身下沉，開右腳，貼胸直向下插，形似寬衣解帶。右腳向右跨出一大步，成騎馬式。兩手插至襠下，經兩腳脖處繞大圓圈；兩手變拳，左先右後，左拳繞體中心線一圈後，成背拳壓在身後腰窩處；右拳由右向上翻轉，經百會穴向前停在太陽穴前上空，成右弓箭步。右拳、天庭、左肘、右腳尖形成一條斜直線。兩膀前扣。面向東（圖67～70）。

註：

1. 姿勢變化身法要正。收腹含胸。右膝與右腳跟上下直，左肘向前扣。

2. 寬衣解帶勢，實為解脫後來人抱腰之式。左拳壓腰窩處，用於對方摟我之手臂；兩手繞腳脖則用於提後來人之腿腳。其用法無窮，無非隨勢所用而已。

圖67

圖68

圖69 圖70

第十三式　串捶（金絲纏插）

接上式。右拳從右向下纏繞收至小腹處，右腳尖隨之收回。左拳由腰窩轉向小腹處變掌，左掌切右掌手脖處；兩前臂同時翻轉；右拳至左掌手心直往右側串出，直至膝下。同時左掌變拳，左腳跟上一步。此時左拳、右拳、左腳三者一齊發勁，成右腳實、左腳虛的丁字步；左腳跟微抬起，兩膝微屈。面向東（圖71～73）。

圖71

圖 72   圖 73

　　註：兩手翻滾解脫對方抓我之右腕。我以左掌切擒，右
拳擊其小腹。兩拳以得身成拳，方為有力。

第十四式　肘底藏拳

　　接上式。左拳由中心線上沖到鼻尖前，拳向裡；右拳向
下繞小圈，隨身轉動藏在左肘下。全身由右腿鬆弛轉向東北
方。上自左拳，左肘，右拳，下至左膝，左腳尖，上下成一
條直線。丁字步不動，身法由正東轉向東北方（圖74、
75）。

　　註：移拳轉身要上下、內外旋轉一致，左拳上打沖天
炮，右拳肘下暗擊，勁發丹田有力。

圖 74　　　　　　　　　圖 75

第十五式　倒卷肱

　　接上式。身向下囚。右拳變掌；右臂直向下伸畫圓，手到身側時帶動右腳；手腳一齊提起；手臂翻轉，高與頭齊，低至膝；向右前方伸直向下壓，手腳一齊落下。左拳變掌向下後方畫圓；手到身側時帶動左腳一齊提起；腳落時轉向正北方向，右與左同。左右循環數無限，一般可走三個循環。全身在循環時分兩半轉動，此即為陰陽翻轉。屈膝、身體平衡不能搖擺。面向正北方（圖76～81）。

　　註：身分為兩半下沉循環，要膀、肘、腕三節轉動，帶動五臟氣血循環。氣行指梢，尤以小指有感覺為宜。此式適用於前後一齊來人或器械，以左右循環解脫或技擊。

圖 76

圖 77

圖 78

圖 79

圖80　　　　　　　　圖81

第十六式　白鶴亮翅

接上式。右臂向前壓；左臂向後轉動時左右一致變化成擺式。遂左腳向左退一大步；右腳隨之，但不落地，反向東北方邁一大步。雙臂隨左腳一齊按出，成不丁不八步。左手在體前中心線，食指與鼻相照，右手偏右。兩手梢與肩平，周身鬆弛，成式面向東北（圖82～85）。

註：以擺勁引進落空，不丟不頂之勢以按勁還擊。按時長身，手指梢向上，掌心微鼓。

圖 82

圖 83

圖 84

圖 85

第十七式 斜 行

接上式。兩手中收，到胸前時變十字手如鉗形。同時身向下囚。左腿向左跨出一大步，十字肘直向下，由右膝下分開。此時兩腿呈騎馬式。兩手隨囚身伸向兩腳脖處向上翻轉；左手經左耳繞過，至前體中心線，再向下變勾手直取尾閭處；勾指向外。同時右手繞經百會穴向前體中心線按出；手掌向外，食指與鼻相照；指梢與肩平，身隨臂起落，成弓箭步。面向東北方（圖86～90）。

註：

1. 斜行為方向斜而身不能斜。囚身時身要端正，不能前傾後仰，要自然轉動。斜行內含幾個靠勁要充分顯示出來，即左右靠、迎門靠、貼身靠、背折靠。初學時可不必注意，

圖86　　　　　圖87　　　　　圖88

圖89　　　　　　　　　圖90

俟有基礎功夫後，方可注意。

　　內含幾個靠勁要充分顯示出來，即左右靠、迎門靠、貼身靠、背折靠。

　　2. 兩手臂如鉗形，是引對方貼身，直取膝下。因引進貼身，方能顯示靠勁。

第十八式　閃通背（倒掃堂）

　　接上式。右臂向右畫弧形，帶動右腳收三分之一步；同時左勾手由尾閭處向上翻轉變掌，與右手在胸前畫弧形，帶動左腳收三分之一步。左右手翻轉時，左手心摸右肘尖而過；右手由左臂繞過，由體中心線背手打出迎面掌之勢，直落在襠前，成半陰半陽手。左手變勾手，翻轉到尾閭處，即囚身成右腳實、左腳虛的丁字步。以左腳與右手相合，向前方撩出做插對方襠之勢。同時左勾手與右腳相合；由尾閭翻

圖91　　　　　　　　　圖92

轉向前變掌；右腳提起像倒掃堂之勢，向西南方倒轉一大步，成左弓箭步。同時兩臂隨步攦下；右手經膝下翻轉；兩手臂帶右腳，以左腳為軸向東南方按擊，似白鶴亮翅狀。面向東（圖91～100）。

　　註：

　　1. 以拳藝說，此式以不同的技擊法打一個圓周。兩手接對方手勢時，要周身相隨，勁隨勢轉，發於丹田，出於尾閭。所謂勁由脊發，替力無限。步下靈活轉動，倒掃堂使人莫測，兩臂翻轉時顯示出翹板之勢。

　　2. 此式運轉促使任、督二脈暢通，起到通三關作用，即鍛鍊脊柱及交感神經、打通小周天。

　　3. 八面轉動都要身法端正，右腳畫弧、左腳為軸要圓。兩手接來人手肘之勢，要顯示弓翹杠杆之勁。

　　4. 用於接手臂之勢而翻轉，打出背手迎面掌；繼而又有

圖 93

圖 94

圖 95

圖 96

圖 97

圖 98

圖 99

圖 100

圖 101　　　　　　　　圖 102

托襠而起甩向後方之勢；又有接後來手臂，拔地而起甩向前方之勁等。

第十九式　白鶴亮翅

接上式。左手拇指點左大腿根氣衝穴；右臂向內旋轉，帶動手掌由體中線下畫至襠；再向外轉化，由右膝下以肘為中心肘繞大圓圈，經百會穴向右前方按出。右腳尖跟隨右手繞圓的方向在原地轉動。同時左手由體中線向上繞小圓圈，同右手一起按出。食指與鼻相照；右手偏右，距左手尺許。此時左腳跟上一步，成不丁不八步形。兩手落位後，指梢與肩略平（圖 101～104）。

　　註：

圖 103　　　　　　　　圖 104

　　1. 左手拇指點左大腿根氣衝穴時，右臂轉動，周身相隨；發勁前囚身，發勁時長身。

　　2. 此式為接對方右來之手肘、器械，引進落空，以纏繞之勢，不丟不頂，引之就範，勁發丹田，兩掌微向上有彈性地按擊。

第二十式　單　鞭

　　接上式。兩手向上至眉前，橫向左畫圓，顯示掤攦形式，並突出技勁。此時右掌微向上，與右肘配合；左手由完成一個圓後歸於體中心線時，向左側上方斜向發出。同時左腳隨之向左方跨出一大步，成左弓箭步。右手在畫圓完成之時變成勾手，即以大拇指捏中指中節，其他四指緊抱，趁左手

圖 105 圖 106

斜向發出之時再畫一個圓落位。此時兩臂平伸，沉肘鬆膀，
與左弓箭步配合；左手梢與肩平，並與左腳尖上下成一條直
線。右勾手低於右臂，與右腳尖上下對照。兩臂直中求曲，
尤重六合。弓箭步襠要圓。面仍向東（圖105～108）。

　　註：兩手向左畫雙圓，雙圓相套要連環。左手帶腳，右
手勾，雙臂平伸勁相連。

第二十一式　雲手

　　接上式。右勾手變掌；沉肘向上畫圓，由體中心線向上
與眉齊，向外畫下至襠再向上；腳原地不動，以腳跟為軸，
腳尖隨手擺動，左手隨之循環，與右相同。右手到體中心
線，左手到左側；右手到上，左手到襠。步成左右弓箭步，
隨之循環；也可以抬起腳左右換步。身法要端正，全身分陰

圖 107

圖 108

圖 109

圖 110

陽、開合活動（圖 109～112）。

圖111   圖112

註：

1. 以左右手臂帶動左右步，以周身活動的方式去鍛鍊。不丟不頂，纏繞前後左右的對手。

2. 雲手要勻，緩慢沉穩如鐘擺有節奏的擺動，不能側身搖頭。分陰陽，走八卦，行圓周。不能太快，似將周身分為兩半在活動。

第二十二式　左高探馬

接上式。左肘向左側按出，至膝上方帶動左腳收回三分之一步；形成左手在前、右手在後的揮琵琶式。同時左腳微抬，成左腳虛、右腳實的丁字步。鬆右胯沉右肘，同時抬起左腳，抬至大腿平；右手順勢變掌，手心朝上放在大腿上空。遂隨身轉動腳尖向西落地。在左腳未落實時右腳即抬起，向左前方邁出一大步，落在左腳前，成為左腳實、右腳

圖 113

圖 114

圖 115

圖 116

虛的丁字步。同時右掌心在下由左掌上推出，成為右掌在前
左掌在後的揮琵琶式。面向西（圖 113～116）。

註：

1. 兩臂翻轉時要周身一致。左腳跟在右腳跟處轉出，腳尖向外轉向西落。左腳未落實時右腳抬起，形成上馬式。拳藝上表現順勁不拗。

2. 以拉馬形式拉對方擊我胸部的手臂，向下滾壓。右手以十字翻式還擊。做到上下一致，勁由脊發。

第二十三式　右拍腳

接上式。兩掌變拳，隨囚身兩臂向下轉動；向上起時，帶動右腳踢起，以腳面踢手掌，掌與肩平；以腳趾根踢手指根，以發出清脆聲為宜。向右踢腳時，左臂隨之轉動。左半身下沉，腳跟不能抬動。腳落地面向西（圖117～121）。

註：身法要正，不能低頭彎腰。腳要踢高，意即取對方手腕、器械等。上邊兩臂翻轉是虛，下邊腳踢是實。要周身相隨，勁發丹田。

第二十四式　右高探馬

接上式。右掌在前向右翻滾，帶動右腳提起；右腳跟在左腿根處轉出，腳尖向東轉下落。左腳在右腳未落實前抬起，向右前方邁一大步，成右腳實、左腳虛的丁字步。同時左掌由右掌上隨進步推出，成左手在前右手在後的揮琵琶式。面向東（圖122～126）。

註：詳見第二十二式，左右、東西對比。

圖 117

圖 118

圖 119

圖 120

圖 121 圖 122

圖 123 圖 124

圖 125　　　　　　　　　　　圖 126

第二十五式　左拍腳

接上式。兩掌變拳，隨囚
身兩臂向下轉動。向上起時，
帶動左腳踢起，以腳面踢手
掌，掌與肩平；以腳趾根處擊
手指根，使之發出清脆響聲。
向左踢起時，右臂同時隨之轉
動；右半身下沉，腳跟不能抬
動。腳落地時面向東（圖
127）。

註：詳見第二十三式，左
右、東西對比。

圖 127

第二十六式　左蹬跟

接上式。拍腳後，腳不落地，就勢兩臂隨身下囚向下翻轉；向上提身時，以右腳跟為軸，收兩臂；兩掌變拳轉向西方，兩拳收在胸前。左腳屈在右腿根，右腿微屈獨立；兩臂兩拳向外撕扯式擊出。同時左腳由右腿根繞圓向左側蹬出。腳尖向上，腳跟與胯蹬平。鬆右胯，蹬出時用力。面向西（圖 128～131）。

註：運動中有翻身、纏繞、撕扯、投擊、搬、攔等各勁，務必一一顯示清楚。周身相隨，勁發丹田。

第二十七式　青龍探海

接上式。左腳落地，側身向左行進；右拳與左腳相合，

圖 128

圖 129

圖 130

圖 131

向左腳上方擊出，左拳擊尾閭
處。同時右腳以橫腳邁在左腳
尖前；左拳與右腳相合，擊右
腳尖上方；右拳擊尾閭處，成
倒丁字步。左腳向左邁出一大
步，成左弓箭步。右拳向右繞
一大圈，向下栽擊在左腳尖前
寸許。同時左拳由腰部繞過，
直向背空高擊，和右拳上下成
一條直線，即成青龍探海式
（圖 132～134）。

　　註：側身行進，左與右
合，右與左合，一步兩拳前後

圖 132

圖 133　　　　　　　　　　圖 134

打擊。行此式須膀活腰鬆，搖搖躍躍。步拳協調一致，周身
輕鬆。凡前後所來之攻擊，皆能應付。

第二十八式　鷂子翻身

　　接上式。以腰為主，兩拳
隨之。右拳由地下返回，左拳
由背後轉出跟上在右拳之後；
身由下翻起，左腳隨之跟上一
步，成左腳實、右腳虛的丁字
步。面向東（圖 135、136）。

　　註：翻身要機智靈活，以
敗中取勝之勢，前後左右運
用。

圖 135

第二十九式　二起拍腳

接上式。兩臂、兩拳隨身向右旋轉，帶動左腳先躍騰空；未落地時右腳向右前方踢起；兩拳變掌與肩平。以右腳面踢右掌指根處，發出清脆響聲為宜（圖137～139）。

註：跳躍時以頂勁領之。兩臂輕鬆上提，以腰為主宰。左腳虛踢，右腳實踢起，全身騰空，解脫地面橫來之器械及掃堂腿等。上踢對方手腕及器械。

第三十式　分門樁抱膝

接上式。右腳落地前一刹那，左腳跳起；以左腳跟打在左臀上，向前邁一大步；兩手左上右下，兩肘向胸前扣如鉗形。兩腿左前右後，成騎馬跨襠式。兩掌在左膝上以肘下沉

圖136　　　　　　　　　　圖137

圖 138

圖 139

在膝上向前分開，遂轉成陽手
與膝平，將左膝提起在胸前。
此時鬆右胯，右膝微屈，兩手
同左足蹬出。腳跟與胯平，腳
尖上翹。兩手掌隨腳蹬翻向外
（圖 140～146）。

　　註：兩手鉗形，步分前後
騎馬式。用於面臨人群、後遇
敵追擊，即以兩手插入人群使
之分開空隙，兩肘隨身下沉人
群自可分開。左腳跟打在自己
左臀上，用於打擊逼近身後的
追敵之襠部等。

圖 140

圖 141

圖 142

圖 143

圖 144

圖 145 圖 146

第三十一式　蹺足蹬跟

接上式。右腿獨立，鬆右胯，長身；
兩手隨左腳一齊蹬出；兩掌向外推，腳尖
向上，腳跟與胯平（圖147）。

註：此式用於蹬迎面敵之腹、襠等部
位。

第三十二式　鷂子翻身

接上式。以右腳跟為軸，左腳向右腿
根處蹬後回旋；兩臂隨身走跨虎式。翻轉
向背後，右腳落地，兩臂直向下沉，屈膝
成騎馬式（圖148、149）。

圖 147

圖 148　　　　　　　圖 149

　　註：翻身時周身上提，兩臂繞
圓。連結上式，為敗中取勝之勢。

第三十三式　右蹬跟

　　接上式。右手帶右腳在左腿根
處繞一圓圈，遂向右蹬出，腳尖向
上，腳跟與胯蹬平。同時右臂隨腳
撩出，右腳落地以右腳跟為軸轉向
後方；右手在右大腿上切過。左腳
向後方邁出一大步，左手掌在大腿
上切過。此為左右攔馬掌。面向東
（圖 150～154）。

　　註：左右攔馬掌可破對方擊來

圖 150

圖 151

圖 152

圖 153

圖 154

之器械等。此勢轉身要機動靈活，以右腳跟為軸，要輕靈有
彈性地旋轉。轉身後腳落地要快要穩，右腿繞圓要輕鬆。

圖 155　　　　　　　　　圖 156

第三十四式　掩手捶

接上式。右腳落地後成騎馬式。右臂屈橫，兩手成拳；右拳向右繞圓，向左肘上斜方捅出；步隨之成左弓箭步。面向東（圖 155、156）。

註：掩手捶打出時鬆胯，身法端正，屈而後伸，掩而不露，勁發丹田。

第三十五式　抱頭推山

接上式。以左肘為主，右膀催之。左肘向膝下滾壓，離地面約七寸處，在左脛骨之前，此謂「七寸肘」。繼而以右膀為主，鬆胯鬆膀，以右膀背擊右處離地面約七寸處，右脛骨之前，此為「七寸靠」，亦稱「七寸肘」。反身向上，兩

拳變掌。順勢從身左右兩側繞圈，分別從腳脖處繞過，經頭頂向右前方推出，成右弓箭步。面向東（圖157～159）。

圖157

　　註：

　　1. 左肘向下滾壓，不能低頭彎腰；右臂向右轉時，鬆右胯、膀，屈右膝，膀經右脛骨處，即取對方脛骨處等。

　　2. 兩手分別取腳脖，用於取後來人的腳脖及器械，主要鍛鍊鬆關節，下身法，兩手由頭頂推出時，要周身相隨，勁由脊發。

圖158

圖159

圖 160

圖 161

第三十六式　白鶴亮翅

接上式。兩手向下攦。右步隨身移，向後退一步不落地，反而右上一步；左腳跟上。同時兩手向下攦圓，隨步向右前方按擊。左手取中心線與鼻相照，右掌偏右沉肘，指梢與肩平（圖160～162）。

註：用法詳見第三式。

第三十七式　單鞭

接上式。兩手向上至眉前，橫向左畫圓，顯示掤攦形式，並突出擠勁。此時右掌微向上，與右肘配合；左手由完

圖 162

圖 163　　　　　　　　圖 164

成一個圓後歸於體中心線時，向左側上方斜向發出。同時左
腳隨之向左方跨出一大步，成左弓箭步。右手在畫圓完成之
時變成勾手，即以大拇指捏中指中節，其他四指緊抱；趁左
手斜向發出之時再畫一個圓落位。此時兩臂平伸，沉肘鬆
膀，與左弓箭步配合；左指梢與肩平，並與左腳尖上下成一
條直線。右勾手低於右臂，與右腳尖上下對照；兩臂直中求
曲，尤重六合。弓箭步，襠要圓。面仍向東（圖 163～
166）。

　　註：兩手向左畫雙圓，雙圓相套要連環。左手帶腳右手
勾，雙臂平伸勁相連。

圖 165

圖 166

第三十八式 前後照

接上式。收右臂肘尖到心
窩處，鬆右胯隨之。在右肘下
兩手成鉗形，兩肘隨身向下滾
壓；同時右腳收半步轉面向
南，成右腳虛、左腳實的丁字
步。兩肘鬆沉在兩膝上方，兩
掌心相合成半陰半陽手。面向
南（圖167～169）。

　註：收右膝，鬆胯，左弓
箭步不能前攻；兩肘向下滾
壓，用於分解。

圖 167

圖 168　　　　　　　　　　圖 169

第三十九式　野馬分鬃

接上式。右臂伸直，掌心向前直
衝；右腿繞半圓配合前進。身微囚屈
膝，腳落地輕實。左臂相繼伸直，掌
心向前直衝；左腿亦隨之走半圓形。
身微囚屈膝。兩手在肘彎處循環。次
數不限。一般做三個循環（圖170～
174）。

　　註：向前直衝手腳一致，掌心鼓
起，顯示氣發掌心，身分陰陽隨之循
環，用於人群中前進。

圖 170

圖 171

圖 172

圖 173

圖 174

圖 175   圖 176

第四十式　玉女穿梭

　　接上式。右臂直衝，平伸變陰手；左臂轉化為陽手；右腳提起回收。左右轉陰陽。左手掌再從右手掌上沖過；同時右腳用跌腳式以右腳尖用力。以左膀領沖，左腳箭步。落地後，以右腳跟為軸全身旋轉一周。面向東（圖 175～178）。

　　註：箭步時領頂勁。右腳尖用力，有彈性。右膀衝，左膀催。左掌根從右掌掠過，似躣躍越溝之勢。勁由脊發方能躍遠。

第四十一式　懶扎衣

　　接上式。旋轉身時兩肘束脇畫圓，帶右腳向右前方邁一大步；手腳一齊落實，上下相照。身體微向下鬆沉，同時鬆

圖 177　　　　　　　　　　圖 178

膀，兩膝微屈。右拳變掌，沿體中線向
上與眉齊；左手直線向下置於襠前；兩
肘緊束脇，兩手心相照。右手向右，左
手向左各轉 180°時，帶動右腳向右邁出
一大步。同時右掌自下而上從胸前向右
上畫出，隨右腳落實一併按下；右手稍
與肩平；手、肘、膀與腳、膝、胯相
合。在右手由體中線上行時，左手於胸
前沿右手外側下行，有利刃破竹之勢，
遂以弧線運行落於左胯骨處；掌心向
內；拇指在前，四指在後。此時，兩膀
向前扣，左肘亦向前扣；周身鬆弛，成
右弓箭步。面仍向東（圖 179、180）。

圖 179

圖180　　　　　　　　圖181

註：沉身鬆膀，兩肘轉化，兩手畫圓像抱球形；鬆肩沉肘，氣沉丹田。兩肘轉動時，表現出擒拿手法。

第四十二式　白鶴亮翅

接上式。左手拇指點左大腿根氣衝穴；右臂向內旋轉，帶動手掌由體中心線下畫至襠；再向外轉畫，由右膝下以肘為中心軸繞大圓圈，經百會穴向右前方按出。右腳尖跟隨右手繞圓的方向在原地轉動。同時左手由體中心線向上繞小圓圈，同右手一起按出；食指與鼻相照；右手偏右，距左手尺許；此時左腳跟上一步，成不丁不八步。兩手落位後，指梢與肩略平。全身鬆弛。面仍向東（圖181～183）。

註：同第三式。

圖 182　　　　　　　　　　圖 183

第四十三式　單鞭

　　接上式。兩手向上至眉前，橫向左畫圓，顯示掤攦形式，並突出擠勁。此時右掌微向上，與右肘配合；左手由完成一個圓後、歸於體中心線時，向左側上方斜向發出。同時左腳隨之向左方跨出一大步，成左弓箭步。右手在畫圓完成時變勾手，即以大拇指捏中指中節，其他四指緊抱；趁左手斜向發出時，再畫一個圓落位。此時兩臂平伸，沉肘鬆膀，與左弓箭步配合；左指梢與肩平，並與左腳尖上下成一條直線。右勾手低於右臂，與右腳尖上下對照；兩臂直中求曲，尤重六合。弓箭步，襠要圓。面仍向東（圖184～187）。

　　注：兩手向左畫雙圓，雙圓相套要連環。左手帶腳、右手勾，雙臂平伸勁相連。

圖 184

圖 185

圖 186

圖 187

圖 188　　　　　　　　圖 189

第四十四式　雲　手

接上式。右勾手變掌；沉肘向上畫圓，由體中心線向上與眉齊；向外畫下至襠再向上；腳原地不動，以腳跟為肘，腳尖隨手擺動；左手隨之循環，與右手相同。右手到體中心線，左手到左側；右手到上，左手到襠。成左右弓箭步。隨之循環。也可以抬起腳左右換步（圖188、189）。

註：同第二十一式。身法要端正，全身分陰陽、開合活動。

第四十五式　跌　岔

接上式。左手帶左腳收半步；右手帶右腳收半步。兩腳與兩肩同寬；兩掌相合，由胸前向上舉至眉齊；兩掌即變拳，由外向裡繞對擊。同時右膝抬起與胯平；兩拳在膝上對擊。此謂「雙峰貫耳」式。繼而兩拳變掌，向上舉與眉齊，

圖190　　　　　圖191　　　　　圖192

分左右伸直；兩臂沉肘向上直壓，
掌心向前與肩平。同時右腳跌腳落
地，左腿伸直，腳尖向上；右膝著
地坐在地上；左腿至右臀，右膝至
腳，平坐地面（圖190～195）。

　　註：兩臂平伸形成二郎擔山
式。岔分，實是功夫式，虛是運動
式。右膝不著地；左腿不平伸地
面。兩手如拜佛式，此式實用較
廣。雙峰貫耳用於擊胸前、頭部及
其他部位。

圖193

圖 194

圖 195

第四十六式　掃堂腿

接上式。領頂勁左膀沖，右膀催右腳尖用力；以左腳跟為軸向前直衝，右腳掠地掃過半圓圈，即掃除前面一切障礙。掃時重在腿，右臂隨之（圖196～198）。

注：旋轉時要周身一致。腿掃下肢，臂攔中部，按勢行功，隨勢應變。

圖 196

圖 197　　　　　　　　　　圖 198

第四十七式　左金雞獨立

接上式。右臂經前方、經天庭向上翻轉，繞耳後，以掌由頜下反手向上舉天庭前上方；掌心向上。左手翻轉貼在大腿側面，沉肘，掌向下按；手指向前調節周身平衡。同時右腿提起，膝與胯平，全身重心集中在左腿上。兩臂平衡，獨立姿勢似雞獨立，周身鬆弛，氣沉丹田（圖199、200）。

註：左腿獨立像雄雞。右手翻轉經頜下，此式實用取對方頜下之作用。右腿提起實為頂擊作用。

圖 199

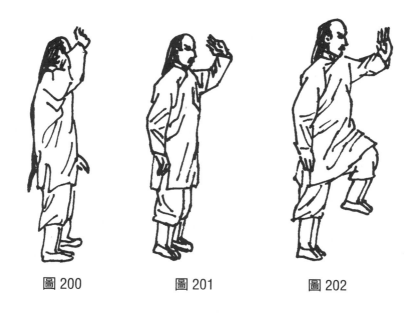

圖200　　　　　　圖201　　　　　　圖202

第四十八式　右金雞獨立

　　接上式。收右肘，手繞圓由右耳後翻轉向下按至大腿右側，掌心向下，手指向前；同時帶動右腳，落地時鬆右胯；以左腳跟為軸身向上領，並有彈性地轉面向北落下。左掌帶動左腳提起，經耳後上舉至天庭前上方，掌心向上；左膝抬與胯平，全身重心集中在右腿上。兩臂起全身平衡作用，周身相隨鬆弛，氣沉丹田。面向北方（圖201、202）。

　　註：無論左、右獨立，身法皆要端正，保持一致。

第四十九式　雙跌腳

　　接上式。鬆右胯。左掌經頷下、耳後、頭頂翻轉上舉，以肘尖為主，由體中心線向下擊壓；同時左腳落地，右腳跳

圖 203 圖 204

起；連環跌腳，分出兩個響聲。面向北（圖203、204）。

　　註：右手、腳旋轉時要上下一致；纏繞時不能側身抽走。左肘上舉、下壓用於砸對方鎖骨及其他，雙跌腳用於化解對方掃堂腿及器械等。

第五十式　倒卷肱

　　接上式。身向下囚。右手變掌，右臂直向下伸畫圓；待到身側時帶動右腳；手腳一齊提起；手臂翻轉，高與頭齊，低至膝；向右前方伸直向下壓，手腳一齊落下。左掌變拳，向下後方畫圓，待到身側時帶動左腳一齊提起；腳落時轉向正北方向。右與左同。左右循環數無限。一般可走三個循環。全身在循環時分兩半轉動，此即為陰陽翻轉。面向正北方（圖205～209）。

圖 205

圖 206

圖 207

圖 208

圖 209   圖 210

　　註：屈膝，體不能搖擺。身分為兩半下沉循環，要膀、肘、腕三節轉動，帶動五臟氣血循環。氣行指梢，尤以小指有感覺為宜。此式適用於前後一起來人和器械，以左右循環解脫或技擊。

第五十一式　白鶴亮翅

　　接上式。左手拇指點左大腿根氣衝穴；右臂向內旋轉，帶動手掌由體中線下畫至襠；再向外轉化。由右膝下，以肘為中心肘繞大圓圈，經百會穴向右前方按出。右腳尖跟隨右手繞圓的方向在原地轉動。同時左手由體中心線向上繞小圓圈，同右手一起按出。食指與鼻相照。右手偏右，距左手尺許。此時左腳跟上一步，成不丁不八步。兩手落位後，指梢與肩略平（圖 210～213）。

圖 211　　　　　　圖 212　　　　　　圖 213

註：

1. 左手拇指點左大腿根氣衝穴時右臂轉動，周身相隨；發勁前囚身，發勁時長身。

2. 此式為接對方右來之手、肘、器械，使其引進落空；以纏繞之勢，不丟不頂，引之就範。勁發丹田，兩掌微向上有彈性地按擊。

第五十二式　斜　行

接上式。兩手中收，到胸前時變十字手如鉗形。同時身向下囚。左腿向左跨出一大步，十字肘直向下，由右膝下分開。此時兩腿呈騎馬式。兩手隨囚身伸向兩腿脖處向上翻轉。左手經左耳繞過，至前體中心線，再向下變勾手直取尾閭處，勾指向外。同時右手繞經百會穴向前體中心線按出；

手掌向外；食指與鼻相照；指梢與肩平。身隨臂起落，成弓箭步。面向東北方（圖214～219）。

註：斜行，為方向斜而身不斜。囚身時要自然轉動，身要端正，不能前傾後仰。

第五十三式　閃通臂

接上式。右臂向右畫弧形，帶動右腳收三分之一步。同時左勾手由尾閭處向上翻轉變掌，與右手在胸前畫弧形，帶動左腳收三分之一步。左右手翻轉時，左手心摸右肘尖而過；右手由左臂繞過，由體中心線背手打出迎面掌之勢，直落在襠前，成半陰半陽手。左手變勾手翻轉到尾閭處，即囚身成右腳實、左腳虛之丁字步。以左腳與右手相合，向前方撩出做插對方襠之勢。同時左勾手與右腳相合，由尾閭翻轉向前變掌；右腳提起像倒掃堂之勢，向西南方倒轉一大步，

圖214

圖215

圖 216

圖 217

圖 218

圖 219

成左弓箭步。同時兩臂隨步擺下；右手經膝下翻轉；兩手臂
帶右腳，以左腳為軸向東南方按擊，似白鶴亮翅狀。面向東
（圖220～229）。

圖220　　　　　　　　　　圖221

圖222　　　　　　　　　　圖223

圖 224　　　　　　　　　圖 225

圖 226　　　　　　　　　圖 227

圖 228   圖 229

註：

1. 此式以不同的技擊方法擊打一圈。周身相隨，勁隨式轉，發於丹田，出於尾閭。所謂勁由脊發，脊力無限。步下靈活轉動，倒掃堂使人莫測，兩臂翻轉時顯示出翹板之勢。

2. 此式運轉促使任、督二脈暢通，起到通「三關」作用，鍛鍊脊柱及交感神經，打通小周天。

3. 八面轉動都要身法端正。右腳畫弧，以左腳為軸要圓。兩手接來人手、肘之勢，要顯示弓撬槓杆之勁。

4. 用於接手臂之勢而翻轉，打出背手迎面掌；繼而又有托襠而起甩向後方之勢；又有接後來手臂、拔地而起甩向前方之勁等。

第五十四式　白鶴亮翅

接上式。左手拇指點左大腿根氣衝穴。右臂向內旋轉，帶動手掌由體中心線下畫至襠；再向外轉畫，由右膝下以肘為中心軸繞大圓圈，經百會穴向右前方按出。右腳尖跟隨右手繞圓的方向在原地轉動。同時左手由體中心線向上繞小圓圈，同右手一起按出。食指與鼻相照。右手偏右，距左手尺許；此時左腳跟上一步，成不丁不八步形。兩手落位後，指梢與肩略平。全身鬆弛。面仍向東（圖230～233）。

註：同第三式。

第五十五式　單　鞭

接上式。兩手向上至眉前，橫向左畫圓，顯示掤、攦形式，並突出技勁。此時右掌微向上，與右肘配合。左手由完

圖230

圖231

圖 232　　　　　　　　　　　圖 233

成一個圓後歸於體中心線時，向左側上方斜向發出。同時左
腳隨之向左方跨出一大步，成左弓箭步。右手在畫圓完成之
時變成勾手，即以大拇指捏中指中節，其他四指緊抱，趁左
手斜向發出之時再畫一個圓落位。此時兩臂平伸，沉肘鬆
膀，與左弓箭步配合。左手梢與肩平，並與左腳尖上下成一
條直線。右勾手低於右臂，與右腳尖上下對照。兩臂直中求
曲，尤重六合。弓箭步襠要圓。面仍向東（圖 234～237）。

　　註：兩手向左畫雙圓、雙圓相套要連環。左手帶腳、右
手勾，雙臂平伸勁相連。

第五十六式　雲　手

　　接上式。右勾手變掌。沉肘向上畫圓，由體中心線向上
與眉齊；向外畫下至襠再向上；腳原地不動，以腳跟為肘，

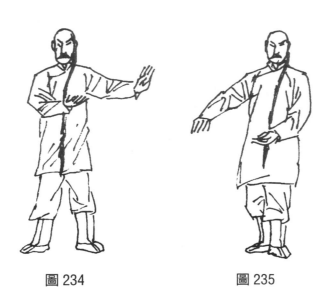

圖 234 圖 235

圖 236 圖 237

圖 238　　　　　　　　　圖 239

腳尖隨手擺動，左手隨之循環，與右相同。右手到體中心
線，左手到左側；右手到上，左手到襠。成左、右弓箭步。
隨之循環，也可以抬起腳左右換步（圖238～241）。

　　註：同第二十一式。身法要端正，全身分陰陽、開合活
動。

第五十七式　十字手

　　接上式。左肘隨步向前上半步按擊；右手在後做採式；
下收左腳，成右實、左虛丁字步。上收右手翻轉成探馬式。
右手向下左方，左手向下右方翻轉，成十字手，與胸平（圖
242～244）。

　　註：此式要周身相隨，取對方手肘。此是採拿手法。

圖 240

圖 241

圖 242

圖 243

圖 244

圖 245   圖 246

第五十八式　單擺腳

接上式。左腳向左前方邁出一大步；右腳跟隨向左前方踢出，以右腳尖向右前方橫掃左手指梢（圖245、246）。

註：擺腳橫掃手指，意在取對方手腕側面及器械。身要端正，腳要抬高。低則取不到對方手腕。

第五十九式　吊打指襠捶

接上式。右腳向右後方落地成左弓箭步。同時兩掌變拳。左拳順勢轉動，以背拳壓在腰窩處，肘尖向前扣至胸前。右拳隨右腳向下轉動，經膝下繞圓向上翻轉至眉齊，由體中線向下直擊襠前。面向東（圖247、248）。

註：下身時須鬆胯直向下囚沉身軀，不能扭身。此式作用於對方扭我左手臂時，我即順勢引進纏繞，將對方手臂壓在腰窩處，使其不能抽走，遂以右拳擊其腹及襠部。

圖 247 　　　　　　　　圖 248

第六十式　金剛三大對

　　接上式。周身下引，兩拳變掌，向上成掤式。左手帶左腳，右手帶右腳向外開轉 45°，左、右手一起掤出。掤出時帶動左腳向左前方邁出一大步，此時兩腳位置呈兩個 90° 對角，步以騎馬式大小。右手掤出時由下向上取中心線，掤出時食指與鼻相對照；左手掤出時由下向上左呈內弧形走勢，定位於右手距尺許於胸前。兩手指梢節朝上，左右手掌均微外翻呈半陰、半陽狀。兩臂以曲中求直，步為左前右後弓箭步。手梢節與肩略平，成掤式。式成後相繼轉攦式。

　　兩臂隨身轉動微向下移，使左手居體中心，右手偏右，步呈完整弓箭步。攦式繼續向擠式轉化。兩腿隨身成騎馬步；兩手同時轉化為合掌式；擠式成。兩手轉化為按式。

按時兩膝屈，身體向上起，兩手向上推按時，帶動右腳向前上步，兩手如立刀形，隨後兩手變仰鏟狀，掌心鼓起以助按勁。

按式成。隨即兩手轉化；右手微伸超左手，即徐徐收掌變空心拳繞過左手指回轉下收；在右掌變拳時左手向外翻轉，微貼右拳面上，隨右拳一起下收，落在肚臍部位。左掌在臍下，右拳在臍上，約距半寸。兩手收在腹前時，已上前的右腳隨兩手落地。此時三大對完成。兩手按後繞圓時，要顯示出點、戳、搬、攔之式。面向東（圖249～255）。

註：

1. 兩臂掤圓要沉肘鬆膀；攦不側身向下轉動；擠時由弓箭步轉騎馬步；按時長身上步，使有彈性的手腳一齊發出，轉化成三大對、不丁不八步。

圖249

圖250

圖 251

圖 252

圖 253

圖 254

圖 255

2. 運功姿勢中，掤是接對方手肘或器械；擺是化對方來力，引進落空；擠是拿法，聽準對方的重心來力；按是發勁；點、戳、搬、攔是採拿手法。行功時認真注意每個姿勢的轉化環節，應用時才能得心應手。

第六十一式　懶扎衣

接上式。旋轉身時兩肘束脅畫圓，帶右腳向右前方邁一大步；手腳一齊落實，上下相照。身體微向下鬆沉，同時鬆膀，兩膝微屈。右拳變掌，沿體中線向上與眉齊；左手直線向下置於襠前，兩肘緊束脅，兩手心相照。右手向右、左手向左各轉180°時，帶動右腳向右邁出一大步；同時右掌自下而上從胸前向右上畫出，隨右腳落實一併按下；右手梢與肩平；手、肘、膀與腳、膝、胯相合。在右手由體中線上行時，於胸前沿右手外側下行，有利刃破竹之勢，遂以弧線運行落於左胯骨處；掌心向內，拇指在前，四指在後。此時兩膀向前扣，左肘亦向前扣。周身鬆弛，成右弓箭步。面仍向東（圖256～260）。

註：沉身鬆膀，兩肘轉化，兩手畫圓像抱球形。鬆肩沉肘，氣沉丹田。兩肘轉動時，表現出擒拿手法。

第六十二式　右扎七星（七寸靠）

接上式。右臂回收翻轉向下壓。左掌隨之由胯部向上翻轉至太陽穴處；肘向上提，虎口卡在耳上邊。右腿平伸，直貼地面，腳尖向上。左膝屈坐地面。右臂伸直貼脛骨處。右膀向下沉，形如北斗星。面向東（圖261、262）。

註：下勢時周身鬆弛不能用力，四肢彎曲盤疊，身與頭

圖 256　　　　　圖 257　　　　　圖 258

圖 259　　　　　　圖 260

部皆要端正。其作用為對方襲擊時順勢引之，使對方跌倒，
取其下部。

圖 261   圖 262

第六十三式　搬攔捶

　　接上式。右腳跟、左腳尖用力；右膀沖，左膀鬆，頂勁領周身直向右沖；右膀順勢掠過離地面七寸處，此謂「七寸靠」；成右弓箭步。右手在前，左手在後，在右膝上搬攔翻轉；兩掌變拳，右前左後，成陰拳。面向東（圖263、264）。

　　註：沖起時兩腿要有彈力。兩手搬攔翻轉，要有撕扯之形。成拳時要有抓擒之意。作用在接對方由下部來之腿腳及器械等。

第六十四式　回頭看畫

　　接上式。以左拳向上領左腳，拳由體中心線向上直沖至天庭處，此謂沖天炮式。左腳提高，腳跟由右腿根掠過，腳

圖 263　　　　　　　　　圖 264

尖向外擺，落在東北方。右拳向上翻轉，領左腳隨之；右腳在左腳未落地前提起，落步朝東。右拳由體中心線直擊襠前；繼而由襠前提起，隨身轉動，回擊右肩上部。此謂「回頭看畫」。左右拳相合隨腳

圖 265　　　　　　　　　圖 266

向左前方衝擊，以左腳跟為軸沖上一大步。面向南（圖265～272）。

圖 267　　　　　圖 268　　　　　圖 269

圖 270　　　　　圖 271　　　　　圖 272

　　註：左拳直沖，左腳勾纏。右拳擊前襠，翻上擊肩上。
兩拳翻轉打擊四方。動作要連貫有力。

第六十五式　白鶴亮翅

接上式。左手拇指點左大腿根氣衝穴；右臂向內旋轉，帶動手掌由體中心線下畫至襠；再向外轉畫，由右膝下以肘為中心軸繞大圓圈，經百會穴向右前方按出。右腳尖跟隨右手繞圓的方向在原地轉動；同時左手由體中心線向上繞小圓圈，同右手一起按出。食指與鼻相照。右手偏右，距左手尺許；此時左腳跟上一步，成不丁不八步；兩手落位後，指梢與肩略平。全身鬆弛。面仍向東（圖273～276）。

註：同第三式。

第六十六式　單　鞭

接上式。兩手向上至眉前；橫向左畫圓，顯示掤攦形

圖 273

圖 274

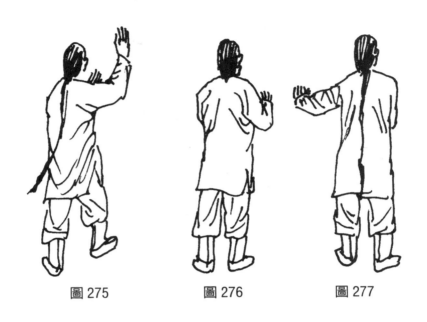

圖 275　　　　　　　圖 276　　　　　　　圖 277

式，並突出擠勁。此時右掌微向上，與右肘配合；左手由完
成一個圓後歸於體中心線時，向左側上方斜向發出。同時左
腳隨之向左方跨出一大步，成左弓箭步。右手在畫圓完成之
時變成勾手，即以大拇指捏中指中節，其他四指緊抱，趁左
手斜向發出之時再畫一個圓落位。此時兩臂平伸，沉肘鬆
膀，與左弓箭步配合。左指梢與肩平，並與左腳尖上下成一
條直線。右勾手低於右臂，與右腳尖上下對照。兩臂直中求
曲，尤重六合。弓箭步襠要圓。面仍向東（圖277～279）。

　　註：兩手向左畫雙圓，雙圓相套要連環。左手帶腳、右
手勾，雙臂平伸勁相連。

圖 278　　　　　　　　圖 279

第六十七式　左扎七星

　　接上式。左臂回收翻轉向
下壓；右勾手變掌隨之翻轉纏
繞至右耳上部；肘向上提；手
虎口卡在耳上；左腿平伸，直
貼地面，腳尖向上。左手臂伸
直貼脛骨處，身微向左，左胯
下沉，形如北斗星。面向西
（圖280、281）。

　　註：與第六十二式左右成
對比。

圖 280

圖281　　　　　　　　圖282

第六十八式　搬攔捶

接上式。右腳尖、左腳跟用力；左膀沖，右膀催，頂勁領周身直向左沖。左膀順勢掠過離地面七寸處，謂之「七寸靠」，成左右弓箭步。左手在前，右手在後，在左膝上搬攔翻轉，兩手成拳，左前右後，成陰拳式。面向西（圖282）。

註：與第六十三式左右對比。

第六十九式　跨　虎

接上式。兩拳在左膝上翻轉下壓，在膝下變掌；左掌在膝下向上翻轉到胸前；右掌隨之轉動，由膝下繞至右腳脖處向上翻轉。左腳回收半步，成右實、左虛丁字步。同時兩手下壓至膝下，隨身上長；右手掌向上至天庭前；掌心向外；

左手變勾手壓在尾閭處，勾手指向外。面向西（圖283～287）。

圖283　　　　　　　　圖284

圖285　　　　圖286　　　　圖287

圖 288　　　　　　　　圖 289

註：兩手翻壓要輕鬆相隨；長身帶動兩臂上下纏繞要勁發丹田。此式上取對方下領及器械，下取對方由下部來之手時，勾手用點擊。

第七十式　雙擺腳

接上式。周身下囚。以右腳跟為軸，以右臂領之，全身轉向東；兩手翻轉平伸胸前，兩腳成不丁不八步。遂右腳以腳尖向上、向左前方踢出，橫擺至右前方；經兩手梢掠過，腳要提高，以腳取手（圖288～291）。

註：轉身時，先囚身再長身。右臂隨頂勁領帶，要平穩輕靈地擺腳。全身鬆弛配合。擺腳提高，用於取對方手腕側面及器械等。

圖 290   圖 291

第七十一式　彎弓射虎

接上式。右腳落地成前後形弓箭步。同時兩手變拳隨步下至膝，向右翻轉至胸前掤圓。左拳向外開；右拳向裡拉，似開弓勢（圖292～295）。

註：周身纏繞要輕靈。圈要轉圓。神要貫注。勁要渾整。練背力增強掤勁，加強拉扯勁。

第七十二式　金剛三大對

接上式。兩拳變掌轉化掤式。左手帶左腳，右手帶右腳向外開轉45°；左、右手一起掤出。掤出時帶動左腳向左前方邁出一大步，此時兩腳位置呈兩個90°對角，步以騎馬式

大小。右手掤
出時由下向上
取中心線，掤
出時食指與鼻
相照。左手掤
出時由下向上
左呈內弧形走
勢，定位於右
手，距尺許於
胸前。兩手指
梢節朝上。
左、右手掌均
微外翻，呈半
陰半陽狀。兩
臂以曲中求
直，步為左前
右後弓箭步。
手梢節與肩略
平，成掤式。

式成後相
繼轉攦式。兩
臂隨身轉動微
向下移，使左
手居體中心，

圖 292

圖 293

圖 294

圖 295

右手偏右，呈完整弓箭步。攦式繼續向擠式轉化。兩腿隨身
成騎馬步；兩手同時轉化為合掌式；擠式成。兩手轉化為按

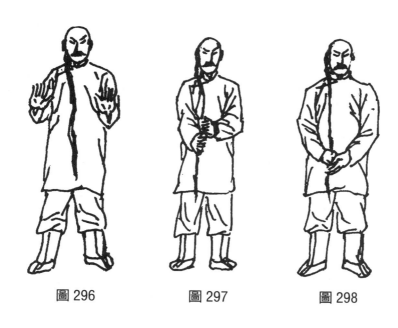

圖296　　　　圖297　　　　圖298

式。

　按時兩膝屈，身體向上起；兩手向上推按時帶動右腳向前上步，兩手如立刀形，到位後兩手變仰鑊狀，掌心鼓起以助按勁。按式成。

　隨即兩手轉化；右手微伸超左手，即徐徐收掌變空心拳繞過左手指回轉下收；左手在右掌變拳時，向外翻轉。微貼右拳面上；隨右拳一起下收，落在肚臍部位。左掌在臍下，右拳在臍上，約距半寸。兩手收在腹前時，已上前的右腳隨兩手落地。此時三大對完成。兩手按後繞圓時，要顯示出點、戳、搬、攔之式。面向東（圖296～298）。

　註：同第六十式。

圖 299　　　　　圖 300　　　　　圖 301

收勢　合太極

接上式。向下囚身。右拳變掌。兩臂分左右向後繞一大圓圈，經頭頂向前落下。同時左腿向後退一步，左腿亦隨退一步，成無極形態（圖 299～301）。

註：

1. 太極拳從開到合，有往有來，雖變化無窮，卻渾然一體，故曰太極。

2. 太極者，陰陽變化之道。陰陽潛藏不動，乃為無極。無極生太極，太極動有極，有極終歸無極。故曰：太極無非是陰陽，陰陽互換神妙藏。剛柔相濟乃特徵，由開到合又還原。

第 7 章

趙堡太極拳推手概述

　　太極拳推手，是檢驗太極拳功夫高低的形式之一。推手的基本形式，是從太極拳姿勢、套路中選擇出精華為應用原則。太極拳以自然之道而創始，遠取諸物，近取諸身，所以它的姿勢或以像定名，或以形定名，或以勢定名，或以理定名。如套路第一式「金剛三大對」，所謂「金剛」者，有中正、偉岸、挺拔、無敵於天下之義；所謂三大對，即身、手、步相對。出手之掤、攦、擠、按四個勁，也即搏鬥慣勢之概括。

　　太極拳推手，即以掤、攦、擠、按四個勁為順序循環，作為檢驗功夫的準則。其主要含義有兩個方面：

　　一、校正在用功中的姿勢正確與否。比如王宗岳夫子在《打手歌》中說：「掤、攦、擠、按須認真，上下相隨人難進。」是說在用功中要按太極拳之規律要求，對一勢一勁認真用功，不可有半點馬虎。這樣，到一定時候就經得起推手的檢驗，否則姿勢出現錯誤，在推手中就會處處挨打。所以，凡姿勢有一點錯誤就須隨時糾正。在平常用功中首先要多做自我檢查，如果自己已知道姿勢彆扭，又不知怎樣糾正，那就需要求老師指正。

　　二、體驗所練的功能如何、程度高低、拳藝和技擊發揮

的效果如何，以顯示外體運動的功能、內勁的感覺和懂勁的水平，這些透過推手都有清楚的答案。所以，必須明確太極拳推手的重要性。

太極拳推手形式流行在趙堡、陳家溝的時代稱為擖手。形式只有一種順步，即活步上下步。由於楊露禪、武禹襄學藝後傳播到北京等地區，演化出合步、定步、單手等多種形式和方法，由 30 年代開始通稱為太極拳推手。

第一節　推手方法

太極拳推手是甲乙兩方進行藝術、技擊功能的研究形式，如甲方以開門式為掤，乙方以攦和之；甲方復以擠和攦，乙方復以按和擠。從掤到按，如此順序循環形成規律。在推手中此四個勁為順勁，如出現頂、抗、偏、丟等，則為逆勁。如發現逆勁，另一方可以順勁制之，同時逆勁一方也可以走化，轉逆為順。兩方互相轉換，檢驗在用功中的程度如何，以促進各自的功能提高，發揮各人在用功中的藝術、技擊效果。

第二節　技擊原則

一、以靜制動

太極拳推手以心意沉靜為先決條件。太極拳推手之靜乃動中之靜，包括心理、生理兩個方面之靜。如：任憑對方千

變萬化，自己的心靜是不能絲毫動搖的。以鎮靜應付對方才不至於慌張失誤。因為，惟有心靜才能辨明對方之勁，應付對方之勁，乘其虛、蹈其隙，用以鍛鍊身、手、步法的前進、後退、左顧、右盼、中定之應變，和一升一降、一浮一沉、一屈一伸、一開一合及勁走的圓與否的功夫。

在瞬息萬變的技擊情況下，應始終保持自身重心穩定，此即生理之靜。太極拳的藝術、技擊之周身平衡，有賴於周身相隨。虛實之變化，其原則在保持自身靜的同時，應以技術性的姿勢，引對方身體重心失去平衡。以順制逆，發揮功能。以中正自然圓的規律制之，是以靜制動的原則。

二、以柔克剛

凡勁含抵抗性者，不論其大小均屬剛性。凡隨對方勁之伸縮者，不含抵抗性者則為柔勁。太極拳原則是以柔克剛。它對任何加於我方之力，自然形成不抵抗狀態，以走化為主。王宗岳《打手歌》云「任他巨力來打我，牽動四兩撥千斤」即此。使對方來力落空，然後吃準對方之弱點，從而收到以柔克剛、以小勝大的高技術之效果。

以柔克剛的妙用之處，在於剛勁是有限的，而柔勁是無限的，對方的力量無論怎樣強大，總是有限度。我以柔應之，則對方之力對我均無作用。

三、以順制逆

太極拳運動是以圓為主。造成無處不陰陽、無處不太極

的形勢，形成自然的逆來順受之規律。它好像是一個萬向輪，可以承受來自任何方向的直力。而這些直來之力，與圓之力相交，即成為斜角化解為分解。分散程度與斜角之大小成正比。故而走化甚省力，再以打磨鐵器的飛旋砂輪的接拋力作比喻，若持鐵器打磨者用力輕，那麼砂輪的接拋力就輕；若用力重，那就很容易被砂輪接拋出去造致危險，道理即此。砂輪的接力恰如我用順勁黏隨引進落空，使對方手腳被我纏縛而進退不得；砂輪之拋力則恰如我之發勁，對方給我的力越大，他就被我發出越遠，吃虧越大。

如果說以靜制動、以柔克剛、以順制逆是太極拳技擊功能所獨有的特點。那麼，能使此功能得到充分發揮，便可顯示出太極拳技擊的無窮奧妙。然而能得之亦實屬不易。初學必由大而滯階段，繼而轉化為小而靈，終則形成有圓之意、無圓之形的內勁。交手時未見轉動，對方即被擊出。所以，太極拳之學習鍛鍊要由淺入深，循序漸進，做到對於一層功夫一層理，一層理出一層功夫之無窮奧妙的體悟。

第三節　內勁運用

凡武事的技藝，在技擊中尚勁不尚力，方稱得上是真正的武藝。太極拳原則是鬆柔、鬆靈，絲毫不用力，著重使用內勁。

內勁者何？即是用功中以姿勢套路運動集聚成的丹田勁。此勁是先天自然之氣和後天人的本力所結合的統一體。它是通過運氣，氣與力配合轉化，達到氣沉丹田，再隨姿勢轉化由丹田發出的。勁與力相比，力滯而勁暢，力遲而勁

速,力散而勁聚,力浮而勁沉,力顯而勁穩等。

太極拳的勁輕靈而無形,手到勁發,未中之前無勁,既中之後無勁,只在中之剎那間有勁,謂得身勁發。一發即收斂,回氣凝神。正確用勁是太極拳技擊的關鍵。茲將太極拳推手中主要的內勁分述如下。

一、懂勁

懂勁是太極拳用功過程中極端重要的一個環節。初步要認真懂掤、攦、擠、按的外體運動之勁,逐步懂層層之內勁。王宗岳云:「懂勁後愈練愈精。」首先要懂自己的勁,如此方能在推手中懂對方之勁和聽對方之勁。聽準對方之勁後方可運用自己的勁,以順制逆。若不懂勁,易犯頂、抗、偏、丟之毛病。若似懂非懂,則易犯斷勁、仰俯等病。真正懂勁者能衡量對方之勁,由尺而寸而毫,將對方勁吃準,使對方無返逆為順之可能。

逐步用功進取,方能達「一羽不能加、蠅蟲不能落」的敏捷功能,見其人則開,遇出則合,形式似讓,進身即發,隨對方變化而變化,無往不宜。不須顧盼擬合,可信手而應,縱橫前後,無不得心應手。不懂勁的推手像盲人走路--樣,不惟有益,而且對用功有影響。

二、聽勁

聽勁是太極拳推手中的一個特有術語名詞,它指的是推手兩方接觸的感覺,主要是肢體表面接觸的感覺,尤其是手

的感覺。只有懂勁才能加強聽勁的功能，不懂勁就談不上什麼聽勁。

聽勁的功能基礎在於用功者的內勁如何。內勁的功用有多種，它們的功用相互間都是互相關聯的，單憑一個勁，用一個勁是不可能的。如聽勁若沒有不丟、不頂的技術勁那便不行，而不丟、不頂又基礎於沾、黏、連、隨的技術勁。總之，只有先懂勁才能獲得聽勁的功能。無論對方怎樣千變萬化都能聽得準、吃得穩，引進落空，趁勢發勁，才能使對方沒有反逆為順的功能施展機會，才可能顯示自己的得心應手的技擊功能。因此說，聽勁是絕對不可少的一個訓練。

三、沾黏勁

沾黏勁為太極拳初步懂勁之一，亦是基本之勁。主守，也即是不丟之勁。對方進，我走；對方浮，我隨；對方沉、我鬆。自手臂而肩、胸、背及周身，均能黏住對方。沾黏勁的獲得為太極拳的初步功夫，此勁不通，不足論其他勁。

四、掤勁

此是太極拳推手中首要的一勁。勁為開門式，掤勁後以攦勁和之，繼以擠和攦、按和擠、掤和按之順序循環。這在推手中謂順勁。如發現頂、抗、偏、丟則為逆勁。原則上對於逆勁要以順勁制逆，但雙方在基礎功夫上可能會有不同，也可能轉逆為順，互相轉換。這些都以用功的成果而定論。所以，在用功中只要認真地一勢一勁的練，就會經得起

推手的檢驗。否則適得其反，會被對方所制。

　　掤勁在太極拳技擊方面的運用，原則上是後發制人，很少出手以技擊式。如推手第一式即以掤勁為出手形式。掤是接對方之來勢，在表現後發制人方面，不但體現了它的技藝特色，也體現了它的道德風尚。接觸後，對方無論左旋右轉，前進後退，我以掤勁的旋轉滾動，均可使對方不能攻擊。此為防守之要用。若用掤勁制人，須有攦勁引進，使對方重心偏向一側，借其偏以制之，使對方不易走化，方能顯示掤勁之功能。

五、攦勁

　　此是繼掤勁之後的順勁之一，亦屬推手中正常循環之一勁，其與各內勁互相配合。在順勁中攦勁也存在逆順轉換。如掤是攦之逆，如攦制掤，用之適宜。就能使對方不能以逆轉順。

　　攦勁的運用是在掤勁的基礎上，將對方手臂或器械攦向後或橫的方向，使對方重心失去平衡而前仆，或乘對方走化而後仰，即以按勁補擊使對方傾跌。攦勁使用的程度和水平如何，全依自己的功夫水平而定。首先要保持自身的重心穩定，不能動搖，方可得心應手，否則會被對方以擠制之。所以，功夫水平有限者要特別注意慎用。

六、擠勁

　　擠勁在掤、攦之後，擠勁亦屬推手正常循環中不能缺少

的一個勁。它是在內勁互相配合中重要之一勁。攦是擠之逆，以擠制攦，亦屬逆順轉換。

擠勁之運用，在對方攦我之際以擠制之而還擊。擠勁主用發勁於騎馬步。周身相隨，先以引進貼身吃牢。擠之得力，會使對方沒有轉逆為順之機。方能顯示擠勁效果。

七、按勁

按勁屬掤、攦、擠勁之後的順勁之一。亦是推手中正常循環之一勁，並同屬內勁中之主要一勁。內勁是相互配合的，在順勁中有逆順轉換之變化。如，擠是按之逆，以按制擠，按是掤之逆，以掤可制按。按勁之運用，單手、雙手均可發揮。以掤接對方手臂，以攦引進落空，以擠吃準焦點，再以周身相隨，勁發丹田，方能收到按勁的得心應手效果。

在正常推手中，掤、攦、擠、按四勁互相依存，又互相制約，這在陰陽五行學說中稱做相生相剋關係。如平時用功有不到之處，推手時在互相的逆順轉換中即能顯示清楚。學練者應在用功中時時自我檢查，發現錯誤及時予以糾正。

以上所述四勁是推手的原則，也是檢驗功夫功能的方法，在掤、攦、擠、按四勁的循環練習中，可以互相促進，互相提高，不可稍有疏忽。

八、採勁

採勁是兩手一勁向前、一勁向後，或一勁向上、一勁向下，如扳枝採果之形式。採勁是推手中擒拿手法之基礎，多

施於對方手臂關節處。對方向前撲來先以攦引之，在對方返逆為順之機吃準焦點，以周身相隨予以採之，發勁俐落。

採人只可採一邊，方可使對方重心偏移而被採準。如採兩邊，即有失控之處，反讓對方有返逆為順之機，不但不能發揮採勁功能，反而被對方轉逆為順制之。所以，對於兩邊採須要慎重使用。

九、捌勁

捌勁使用在勢背之時，與攦勁形成相反的方向。對方使我成逆勁後仰時，我以捌勁轉逆為順，使對方被捌而後仰。此法即一手捌對方手臂，一手取對方咽喉等處，即可使對方仰而後跌。

捌勁發揮要周身相隨。基礎在於步穩，活動在於襠圓，身體重心穩定。勁發自丹田，方可奏效。捌勁是在極被動時轉逆為順之勢，功夫好者可行。

十、肘勁

肘勁使用於貼身技擊之用。在實戰中易使對方傷殘，所以在交流研究推手的技藝中，雙方均須以道德為上，技藝運用上點到為止。如不注意，誤傷於人則追悔莫及。若有意傷害於人，則為道德敗壞之輩。

肘勁多使用於心窩、肋下、外攔、七寸之處等。肘勁和其他勁一樣，要互相配合，要周身相隨，勁發丹田。要保持自身穩定，虛實分明。若捨此要領，用肘不得其法，則會被

對方轉逆為順而還擊，因此也須慎用。

十一、靠勁

靠勁是以臂膀技擊。靠勁使用於貼身，更須其他內勁配合，順勢才能發勁，靠勁多用於胸部前後左右，左右膀均可順勢使用。靠勁約分迎門靠、貼身靠、背折靠、肋下靠、七寸靠等。靠勁單一使用的少，多為連貫用法。因靠須貼身，對方易走化而轉逆為順，所以要在相互轉換中連貫使用。

「七寸靠」是膀擊膝下部位，難度較大，有紮實功夫者方可使用。因用此靠勁自身空處較多，易被對方趁機所制。用七寸靠更須注意周身相隨，勁發丹田，這樣才能得機得勢。主要在於重心穩定，手臂互相策應，使對方沒有返逆為順之可能，這樣靠勁方能發揮功能。

十二、走勁

沾黏勁主要是不丟，走勁是意在不頂，即避對方之勁，走化來勁。如我某部位受到對方技擊，我該部位即變虛走化。如遇偏重，則偏鬆之；如遇雙重，則偏沉之。務求走化對方之勁，不稍抵抗，使對方之勁落空。

所謂，「左重則左虛，右重則右杳」即此。初則不遇大勁不走，小則和之。還要聽準對方之勁方用走勁。走勁之主要樞紐與各內勁相同。全賴周身相隨，勁發丹田。

十三、化勁

不丟、不頂，始能言化。化勁中略含掤勁，機樞在腰而不在手與肩。化勁主要運用在我順人背之初，須要有折疊、往復、進退轉換，使對方無從知我之勁的路線，從而使對方完全處於被勢之際。

化不可化盡，化盡自身沾黏勁易斷；化亦不可化得過早或過遲，過早無所化，化遲對方勁已著我身，化亦無益。運用化勁之時機是在對方勁出而未著之際。化之得勢，發之才有力。隨化隨發，守即是攻，方得化之真諦。否則，徒化不發，化亦無益。

十四、拿勁

拿在發先。拿勁準確，發勁才能擊中。所以，拿勁即是使對方之勁中斷，趁斷而發。動作須靈敏，貴在神速，否則會被對方發覺而化掉。拿，重在人之腕、肘、肩之關節，要保持自身的重心穩定，引進貼身方可使用拿勁，故有「拿人不過膝」之說。雙手拿人似秤，輕重調整似秤錘，務要高低輕重適宜，勿失其平衡。拿勁樞紐在於腰，在於周身相隨。藝高者，拿人則隨心所欲。

十五、發勁

發勁是太極拳中技擊內勁種類甚多之勁。發勁有長勁、

截勁、刁勁、分勁、斷勁等，是技擊中互相配合取勝對方的多種勁，非持守化對方之勁。發勁在由內向外的發，若不能發，則終必被對方所乘。此是發勁的關鍵。功夫高深者出手發勁使人立仆，無須勞神費力。發勁須發對方之根，此理可詳見《九要論》之第三要論各節。

明確發勁制根之理，乃是制勝之關鍵。發勁必須審機明勢、方向、時間，三者缺一不可。時機是我順人背，在對方重心偏離之傾刻；方向是無論上下、正偶均須順我，適合向對方發勁；時間是對方舊勁已完，新勁未生之際。三個條件具備發人即無發不中，無往不勝。發勁如射箭張弓，曲中求直，勁力直達指端。此時發勁不覺用勁，受者愈覺其猛。反之，我若用力，受者卻不覺有勁。究其原因，無非前者暢達，後者停滯。因此，發勁時必須斂氣凝神，周身相隨，勁發丹田，氣貫脊背而行於肢體，目視對方勿存疑慮之心。如此方得太極拳發勁之妙諦。

十六、借勁

借勁為上乘之發勁，其特點不煩引拿，只含少許化勁，隨到隨發，不假思索。乘人之勢，借人之力，疾如閃電，快如流星。對方來亦去，對方不來亦去。對方來力愈大，其受挫愈重。「四兩撥千斤」之妙於借勁中體現得最為淋漓盡致。功深者對方任何部位之勁均可借，而自己任何部位之勁均可發。借勁發人必須周身相隨，發勁丹田。借勁時機尤為重要，全在對方之勁將發未發之際和將到未到的一剎那。過早過遲都會失去作用。

十七、沉勁

　　此亦為太極拳之發勁。沉與重不同，沉勁似鬆非鬆，似緊非緊。初學者對沉、重、輕、浮勁最須分辨清楚。雙重為病，因其勁在外填實而致氣閉力呆；雙沉不為病，因其勁在內，活潑能變；雙浮為病，因其力在外而飄渺；雙輕不為病，因其勁在內，輕靈自然。

　　半輕半重不為病，偏輕偏重則為病，因前者有著落，勁不出方圓；後者因其偏就失去重心穩定，勁亦失去方圓。半沉半浮失於不及，偏沉偏浮失之太過。半重偏重，病在滯而不在進；半輕偏輕，病在雖靈而不活。半沉偏沉，病為虛而不實；半浮偏浮，病在露芒而失圓。雙輕不進於浮，是乃輕靈；雙沉不進於重，是乃虛靈。此二者為最好。

　　總之，內須輕靈不昧，而外氣清明，能留於肢體方為正法。如果能體會此意，則沉勁之妙用始得。

十八、引勁

　　引勁是對方不動而引其動，或對方已動而引其進入我之範圍內。一般人僅知化、拿、發勁而不知引勁。引勁實則處於化、拿之間，而較化勁為難，此因對方來勁不能隨己心所欲，故必須以引勁引之。

　　引之方法須先化對方攦勁未盡之時。引勁乃欲引出對方背勁之焦點，即可拿、發。引之愈長，則發之愈有勢。故太極拳論中，所謂「進之則愈長，退之則愈促」即為此意。但

引勁必須有沾黏勁相依存。由此又可以說，所有內勁之運用均屬互相關聯。

十九、開勁

開即閃開、敞開、避開之意。總之是給對方騰空間。他入我即開，作用在化開對方之來勁，誘敵深入。當然，開到適當時機則要合之即發，否則勁就會斷，就會失去作用。

所謂適當時機用開勁，即人背我順之際。開勁方法之運用是以退為進，重在周身相隨，否則非太極拳技擊之法。

二十、合勁

合勁與開勁相反。兩者為一開一合，為一陰一陽，開為陽，合為陰。對方勁來則開，對方勁去則合。開、合、陰、陽為道之哲理。開勁方而合勁圓，開合方圓為道之規矩。運用合勁須周身相隨，氣合則凝，勁合則剛。吃準對方之焦點發之，能收到無堅不摧之效果。合勁之運用妙在此矣。

二十一、凌空勁

此勁因初步學者不懂，往往會誤認為係精神作用。而功夫不達者又會認為很神秘，因為非功夫頗深之太極拳家難具此勁。它的表現是在一定範圍內，口中一哈聲，對方即雙足離地而後退。但被發者必先受若黏勁所引，方有聞聲而後退之被動行為。此勁即非精神作用，也並不神秘。

凌空勁的實質為哼、哈二氣。在太極拳技藝和技擊中，哼聲之氣為引進勁，同時幫助自己蓄勁；哈聲之氣則為吐發之勁。至於吐發之勁，實際上是由體內發出的一種氣的強能量，雖不可見卻是客觀存在。以常人的物質概念而言，凌空勁擊人實在使人覺得神奇不可思議，實則，功夫自然昇華到此種境界也就知它並非神奇。

然而，欲達此功夫境界談何容易，沒有技藝高超的名師指點，沒有持之以恆的修煉毅力和過程，沒有聰敏的悟性，沒有能養其心安理得的高尚道德，欲得此勁萬難。

太極拳推手示意圖

圖1   圖2

圖3   圖4

圖 5　　　　　　　　　　　圖 6

圖 7　　　　　　　　　　　圖 8

圖 9

圖 10

圖 11

圖 112

第 8 章

趙堡太極拳知識問答

問：學太極拳的目的是什麼？

答：太極拳創始於道，是養生之妙術，內有調節五臟氣血循環之功能，外有增加肢體活力之神妙。長期用功可達精、氣、神一元化，使身體健康，延年益壽。拳藝有防身技擊之作用。

問：言老子創道又創拳，而《道德經》只記述理論，沒記載拳道實踐，是什麼原因？

答：老子是道之創始者，太極拳是修道中動功原則之一種形式。幾千年來只在道門中秘傳，外界不得而知。傳至武當山張三豐祖師，始向外界發展，為人類健康服務，並創造「以柔克剛」之定論。但他全集中沒記載創拳事跡，蓋為保密之故。

北派太極拳流派，由山西王宗岳傳河南溫縣。在他給蔣發的筆記八冊中有詳記。王之師為雲遊道人，未記道號。對太極拳理論、姿勢、套路、技藝、功能都作了明確闡述。由蔣發傳流趙堡四百多年，目前遍及全國，走向世界，為人類健康服務。

問：王宗岳是山西陽城人，蔣發是河南溫縣人，透過什麼關係學藝的？

答：王宗岳係明代中期人。文武全才。當時人稱「華北大俠」。有超人的太極拳修養，有高尚的武德，有識人之先見。路經趙堡，初見蔣發武功，認定此人可教。帶回山西陽城學太極拳技藝七年，情同父子。將太極拳技藝全部傳授，並給他心得筆記八冊，流芳千古。

　　問：趙堡和式太極拳，為何說取理於先天太極圖？

　　答：因太極拳姿勢運轉，產生於太極圖理，適應於先天太極圖理。趙堡太極拳的原則是由無極生太極，動則生陰陽，陰中有陽，陽中有陰，內勁不能截然而分，有藕斷絲連之感。勢成氣歸丹田是合二為一。陰陽如此，五行八卦均合。故曰取理於先天太極圖。

　　問：趙堡太極拳界人說，陳清平廣傳太極拳後，分東、西兩派。東派取理於《九要論》，西派取理於《十大章》，各有什麼不同？

　　答：武術界有傳統性之矛盾，師兄弟爭掌門是各門派之內部共有的不同程度的客觀存在，趙堡也不例外。在名譽上各自相爭掌門，因此在老師教導下各執其長，各持其好。《九要論》、《十大章》本質內容相同，不過各抱為好的名稱而已。

　　問：趙堡太極拳歷代傳遞中有輕功、千斤墜功，是什麼傳授方法，目前如何？

　　答：蔣發先師由山西陽城王宗岳夫子處學藝七年歸來，歷史流傳中只記述他顯示過百步捉兔之輕功。邢喜懷顯示過南牆掛畫之技藝；陳敬伯一生無對手，人稱「神拳手」；張仲禹功夫達一羽不能加、蠅蟲不能落的修養；張彥有橫渡黃河之輕功，千斤墜功戲蟒、斬蟒之奇蹟；和兆元以蠟木杆刺

槐樹之內功。和慶喜先師傳授童子學輕功之起步，而沒有留下深入輕功的方法、道理，只說輕功須童子體可以學習。目前二功已經失傳，實可嘆息。

問：趙堡太極拳理論，是柔中求剛和柔中有剛，此二者有什麼區分？

答：趙堡太極拳原則是「柔中求剛」為目的。為柔中有剛，剛柔相濟。在用功中以柔中求出的剛是真正的剛。這是在功夫成就後的總結。如果初步學習認為柔中有剛，將是錯誤的理解。以柔中有剛用功會出毛病的，初學者慎之。

問：和式太極拳始於和兆元，他為何不稱為和式太極拳第一代呢？

答：和兆元學太極拳技藝於陳清平，後為三朝元老李棠階侍衛，後封為「武信郎」之職。在京受「體仁閣大學士」祁雋藻以易理補充，付諸實踐，有所創新和有獨特之處。陳清平為他創新命名為「和氏太極拳」。和兆元因尊師，在師面前謙恭謹慎，團結師兄弟，對師誓言：承師抬愛，自己則仍以趙堡傳遞排列，為趙堡太極拳第八代。

問：趙堡太極拳歷代傳授弟子，選賢者傳授，又有拳不出村之約，是什麼原因？

答：歷代上客觀存在武術與政治之密切關係。好人得之可以安邦定國，壞人得之可以為非作歹。因此王宗岳夫子傳授蔣發拳藝時，囑述要慎重傳授技藝，選賢要有識人能力，以及要在品德行為上觀察等。在本村便利於觀察被選者的行為，加之其他時代原因，故訂此約。

問：趙堡太極拳因人施教的傳授方法是什麼？

答：趙堡太極拳是老幼婦孺均可運動健身之妙術。首先

以學者的身體素質和需要決定傳授技藝，不能一概而論。如老弱及慢性病患者，以本人承受姿勢傳授技藝，以健身為主，防身技擊為副；青壯年學者如十歲、二十歲、三十歲或以上年齡學者各有其特點。拳架宜大則大，宜小則小，養生與技擊兼而教之，並結合思想引之入道。理論是一致的，用功體驗各異。

問：趙堡太極拳有三種理論套路，各有什麼區別，是怎樣形成的？

答：趙堡太極拳因王宗岳夫子告誡要選賢者傳授技藝，所以蔣發先師制定「十不傳」之約，形成單傳七代。第七代陳清平人稱文武拳師，鑒於社會發展，他便破除保守門規擴大傳授面，傳授幾十人。學人中因各人體質不同，其接受能力及發揮功能亦各不相同。陳師後來便以各人實踐功能理解發揮而分別定名。

如和兆元身體素質好，學識基礎亦好，思想反應靈敏，接受太極拳技藝能全面理解；在技擊方面，他哪裡被技擊，便能於原地走化而還擊，能發揮太極拳無處不陰陽，無處不太極的原則功能。所以被師命名為「代理架」。

張金梅學藝成功後，他對技擊方面發揮不同。如哪裡被技擊他可哪裡向上引領走化，向下方還擊；或向下方引進，向上方還擊，因此師命名為「領落架」。其他學者被技擊時，向來方引進落空，給對方騰空走化而還擊，所以師命名為「騰挪架」。

三種理論均以學者功夫成就，在發揮實踐中而得名。後來各人就在各自的功能發揮成就方面傳授弟子，而各人的弟子中成果亦各異。

問：趙堡和式太極拳有大架、小架之分，是怎樣形成的？

答：和式太極拳傳授方法中，有因人施教的方針。在趙堡和慶喜老師傳授中，原無大、小架之分，只有功夫層次和功夫進程之分。在傳授十一年中沒有老年人學習，最大學者年齡僅三十多歲。十歲、二十歲的人都要求放大，達不到懂勁程度不得收小。三十歲以上的人同樣也要求放大，但因各人體質而定。

後來趙堡太極拳傳到西安才有大、小架之分。原因是「二鄭」之一的鄭伯英是二十歲學藝，原則是要放大身法運動，他的體質適宜放大，懂勁後亦沒收小。他在傳授中認為放大身法對功夫進程有益，因此以大身法不變原則傳授太極拳，人稱「太極拳大架鄭老師」。由此成為趙堡和式太極拳的一個派別。

而「二鄭」之一的鄭悟清三十歲因病學太極拳。和老師因他的年齡及身體素質，傳授中便以較小的身法給以傳授（但原則還是要求盡可能放大）。又因他的環境、接觸社會上人的情況不同，在原則上便採取以人施教的方針。因從他學藝者年齡都較大（一般多在五十、六十歲以上），並且文人較多，所以傳授以小身法為宜。而對青壯年人，仍以較大身法傳授。有的懂勁後亦收小身法運動。因此他便以「太極拳小架鄭老師」成名，也成一派，所以，在西安就這樣形成了和式太極拳大、小架之分。

問：趙堡太極拳中有「忽領架」之說，這是怎樣形成的，與其他有什麼不同？

答：「忽領架」是趙堡第八代李景元的弟子楊虎學藝功

成後，體驗中形成一種抖勁、發勁形式。因「抖勁」是忽然生發的勁力，故稱「忽領架」。然而，楊虎這種抖勁，在他的功夫基礎上認為較易，而被傳授人卻認為難度較大，因此從學的人不多，影響不大。目前受傳者逐漸也在改進忽領之形。

問：和慶喜老師在傳授拳藝中有「捏架」之說，「捏」指的是什麼？

答：和慶喜老師在傳授太極拳藝中，主要用示範、言傳方法，學者在心理、生理上初步只可能有感覺的概念。在不能理解的情況下，老師伸手在學者身上指擺捏捏肢體位置及運轉方法。此法在成年人中少見，多用在十多歲的少年身上。因為這是要達到較具體的實踐結合理論的理解，所以名為「捏架」。

問：趙堡太極拳傳統認為，在學藝中，不懂勁時不讓推手，這是為什麼？

答：太極拳推手原則上是檢驗學者用功及功能成績的考試答案。其含義有二：一是檢驗學者的姿勢正確與否；二是檢驗用功的程度如何。二者在推手中都能表現得很清楚。拳理中有云：「不懂勁推手，像盲人走路。」不懂勁推手還影響用功進程，因此說不懂勁不讓推手。

註：詳見譚大江《武當內家派述秘》（人民體育出版社1998年）

第 **9** 章

太極拳漫談

第一節　太極拳是怎樣產生的

「太極」一詞，始源於《周易》。其曰：「易有太極，始生兩儀。」它是古代先哲觀察體悟宇宙萬物本質規律所得出的一個哲學概念。相傳上古河出圖，洛出書，伏羲憑象畫卦，文王藉卦作辭。後因孔子作《十翼》來解釋《易》，表述《易》的規律現象，《易》學遂成為儒家學問的代表。

從中國傳統文化的源頭追溯，春秋前並無學派分立。如黃帝之《內經》、老子之《道德經》、王文所演之《易》，統稱為一個道家學問，理論互貫。到了後來，諸子百家從這道學之寶庫中你取一串珠，他抱一塊玉，然後就說：「我的珠最真，我的玉無瑕。」這就出現了儒、道、陰陽、法、名、墨、縱橫、雜、農、小說等諸學派分立。

這樣，沿襲於老莊「道」的哲學本體之上的宗派保留了道家之稱，建立在《易》學體系之上、且以進仕治國為目標的知識分子宗派（以孔子為代表）便稱之為儒家。

儒者，學者也。實則，學派雖分立，論起理來，都還得往總根子上尋。儒家言《易》，從來不避老莊之學；道家言

老莊，從來也不棄於《易》。所以，學派總有分別，但從大哲學觀上講，大家的理論都還是道學。又所以，今日在言儒言道上，若分學術宗派而言，可也；若將《周易》視為儒家專利，或將老莊之學歸於道家專利，錯也。因此筆者認為，太極拳從理論上講也是大道學的產物。

太極拳最早的產生，可能始於老子那個時代的早期道家人物之中，並以老子開始流傳後世。當然，原始的太極拳並不叫太極拳，究竟那時叫什麼名稱，我們也不得而知。我們僅能根據太極拳宗譜的記載肯定其事。迄今為止，有關記載來自兩個不同出處。

一是以河南溫縣趙堡為代表的武當北派太極拳（明代萬曆年間，由山西太谷縣王宗岳傳趙堡蔣發而流傳於此）。歷代所傳宗譜曰：「太極之先，天地根源。老子設教，宓子真傳。玉皇上帝，正坐當筵。帝君真武，列在兩邊。三界內外，億萬神仙。傳於此術，教成神仙。」

二是以明末清初由武當山流傳到長白山、今又流傳於北京的武當太乙神劍門（按：太乙，乃太極之別稱）宗譜曰：「超出三界，不在五行；太空六合，方方正正；四面雙出，久煉成真。先有太和（按：太和，又太極之別稱），後有武當；成於真武，傳於三豐；六合神拳，謂之內家。」

因為太極拳始自道家，後來自然流傳到道教門中，所以它在宗譜上帶有明顯的宗教色彩，這是符合客觀的事。正因為它的宗教性傳承特徵：嚴守戒律，言祖不言師。這才使得我們可以剝去其宗教的外衣，窺視到它久遠的源頭。這正像我們認識黃帝，有關黃帝的傳說可能是神話，但剔除神話我們不能不接受黃帝這個祖先。

上述兩家宗譜，前者明確指出太極拳始於老子，而後者所言成於「真武」也同樣隱指老子。因為按道教真武傳說，玄元聖祖八十一化為老子，八十二化為真武，真武是老子的再化之身。因為武當道教崇奉的是真武神，從宗教門派而言，「成於真武」可謂是一語用之雙關。

　　再從張三豐丹派的道脈也可以追溯到老子這個源頭。據《三豐全書》「道派」云：「大道淵源，始於老子，一傳尹文始，五傳而至三豐先生。」傳遞順序為：老子——尹文始——麻衣——陳搏——火龍——張三豐。張三豐這個道派是個隱顯莫測的一派，後人借用孔子贊頌老子之語，稱該派為「猶龍派」。

　　今流傳在天津的、由清朝時武當道人培元塵傳給司星三的一派太極拳，名曰：「武當猶龍派太極拳」，便是張三豐於道門所傳的一個派系，從猶龍之意也可視其源頭。

　　正因為張三豐此派隱顯莫測的傳承特徵，再加上張三豐創立太極丹功體系後，力主「三教圓融」說，不願妄自尊大，他本人還把太極拳形成的主要功勞歸於古皇和儒家。例如，趙堡太極拳還有一個題為「張三豐承留」的張三豐自述宗譜曰：「天地即乾坤，伏羲為人祖。畫卦道有名，堯舜十六母。微危允厥中，精一乃孔孟。神化性命功，七二乃文武。授之至予來，字著宣平許。延年藥在身，元善從復始。虛靈能德明，理令氣形具。萬載永長春，心兮存真跡。三教無兩家，統言皆太極。潔然塞而通，方正千年立。繼往聖永綿，開來學常續。水火既濟焉，願至戎字結。」

　　實則，張三豐在這裡推崇孔孟對他創立太極丹功的理論啟示，並不能影響到太極拳始於老子這個源頭。因為孔子問

道於老子的事情世人皆知。孔子習六藝，騎射為其一，向老子學拳功，另以太極理論豁貫，不是不可能。但後來的儒家多講正心坐忘，常以靜功為旨圭，拳功留世實為罕見，或以拳功一道有失儒雅之體統，漸為失傳，也未可知。

但據張三豐的自述，以及當代可以查考的證據，太極拳最早面世於唐代（公元618～907年）道人許宣平，這是可以肯定的。其證據有二：

一是前敘《張三豐存留》宗譜，記述有張三豐得許宣平太極拳功傳承之事。此史料1991年3月陝西科技出版社出版、劉會峙先生所著《武當趙堡傳統三合一太極拳》一書首次披露。考張三豐丹派思想，以及張三豐平生著作文風，以及北派太極拳傳承情況，此宗譜係張三豐承留無疑。

二是唐代道人許宣平確有名為：「三世七」的太極拳功流傳。明代正德（公元1506～1521年）年間宋遠橋得其傳，已經歷十四代。宋遠橋記有《宋氏太極拳源流支派論》，云：「自余而上溯，始得太極之功者，授自唐代於歡子許宣平，至余十四代，有斷也有記者。許師係江南徽州府歙縣人。隱城陽山，即本府城南紫陽山。結茅南陽辟谷。身長七尺六寸，髯長至臍，髮長至足，行及奔馬，每負薪入市，販賣……」詩人兼劍家李白慕名而訪不遇，題有憾詩「我吟傳舍咏，來訪真人居」一首，《唐詩三百首》有記。宋遠橋將宗譜及拳藝傳留宋門後世，至近代辛亥革命時期，宋氏後人宋書銘將拳譜公開。此時吳圖南先生也從別處得到宋氏拳譜。另外，今江蘇省昆山市王知剛先生也繼承有許宣平「三世七」太極拳功。據王先生介紹，他於1945年在上海交大讀書時，曾得氣功家蔣維喬先生引薦，拜白雲道長

（號中一子）為師，學得「三世七」太極拳功，這種太極拳與其他太極拳有不同。王先生現已出版有《中國唐代三十七太極拳與劍術》一書（上海交大出版社 1992 年 10 月出版）。

實際上，在張三豐之前，除過有唐代許宣平的太極拳功流傳，還有相似的其他太極拳功留傳。如：

1.程氏太極拳，據傳創始人為南北朝時（公元 502～557 年，比唐代更早）人韓拱月。後歙州太守程靈洗（或為洸）得傳，並用於訓練部下兵士。這一拳法後隱民間五百年之久，於宋高宗（公元 1127～1162 年）時傳至程珌。程以易理悟而精之，後改名「小九天」。

2.先天拳，亦名長拳。此拳功與許宣平同時的江南安慶（今安徽潛山縣）道人李道子所傳。明代正德年間安徽涇縣俞蓮舟、俞岱岩家世襲傳。此拳又於此早期由李道子攜藝至武當山。明宋遠橋的《宋氏太極拳源流支派論》敘之甚詳。

李道子的先天拳有一首「無形無象，全體透空」的四言歌訣，至今在楊式太極拳、猶龍派太極拳等各派太極拳門派中流傳。這一事實也反映出張三豐的太極拳功吸取有先天拳的長處。同時，我們從程氏太極拳、許宣平太極拳、李道子太極拳的發現，可以看到，在魏、晉、南北朝直到唐、宋、元、明清以來，安徽地區是早期太極拳的發祥地和活躍地區。

3.後天法。宋時安州人宋仲殊受於胡鏡子。此拳以肘法見長，傳至明代有江南人殷利亨受之。安州為金置，即今河北高陽縣。據說，今河北保定地區傳有該拳。從地域關係看，可能與宋、胡的傳播有關係。

4. 六合八法拳。相傳為唐末五代隱修武當山達 20 餘年後移居華山的道士陳摶（公元 871～989 年）所創。當代有遼寧人吳翼翬（公元 1885～1958 年）受之，吳於民國年間曾在上海、南京、桂林傳播此拳。後又由弟子傳至兩廣和港、澳一帶。《中華武術實用百科》有記。今安徽蚌埠姚子英亦家承此拳。

可以認為，張三豐是陳摶之徒孫，曾得陳摶之「蟄龍」睡功，此拳亦必得真授。

5. 穴道術三十六手。為張三豐之前道家人馮一元所創。民國二十二年湖南祁陽鎮華曹元編著《國術》，其「總論」中記有「有張三豐其人者，精達摩術，而參以道家馮一元穴道術三十六手，推闡為長拳七十二路。又以據華陀『五禽戲』原則，擴充為十二形，此流傳現在為形意拳。並折取少林柔功，合以陰陽動靜之理，而發明為太極拳。授徒於武當山是為武當派，北人多尚之，謂之內家拳」。該拳今河北保定地區也有流傳。

由此我們可以認為，張三豐發明太極拳不是無源之水，無本之木，不可能自家揣摩揣摩就造出名揚天下的太極拳來。不說前敘各種太極拳功未免也就是那些人所創，想必也是集前人之長，獨成一家。即使追溯於老子，連老子的《道德經》也只是集上古道家思想之大成。

張三豐其人，他是理論上承接黃老道學思想，旁採儒理佛論醫學，技術上博取前代道門拳功之精華、佛門武技之柔功，深研細悟，反覆實踐，才開創出以太極哲學為本體、以丹道養生為宗旨、以技擊為非遇困厄而不發的太極丹功體系。作為太極丹道動功，太極拳產生後，由於舉一可以反

三，易理變化無窮，從而也就派生了八卦掌和形意拳，也就派生了張三豐之後武當道派以及傳衍於佛、道二門的太乙、太和、乾坤、兩儀、陰陽、五行、天罡、金剛等許許多多內家拳種，並包括各類器械功夫。

以太極拳為代表的武當內家拳是中國武術史上繼往開來、標新立異的一個重大流派。從這一歷史現象出發，使得我們必須認識，作為一個畫時代的武術流派的創立，如同其他任何一個學術、藝術流派的創立一樣，沒有一種由歷史積澱下來、並由環境群體所創造的傳統文化氛圍的薰陶和刺激啟發，沒有一種在特殊環境條件下的醞釀鍛造，沒有一位學識淵博、才識過人、能觸類旁通的傑出人物來集其大成，那將是毫無可能的。

張三豐，歷經元、明兩個朝代。家學淵源，有天師道根基。幼年入道，青年業儒入仕，中年辭官訪道，雲遊名山大川。三十餘年來，窮博儒、釋、道三教理論，又得道家正脈之傳，且於平生三教九流莫不接觸，詩詞歌賦、琴棋書畫、武醫方技無所不通。他的經歷、他的交際、他的視野、他的才識、他的誓願等等，促使了他智慧的昇華和靈感的開啟，這就使他終於能夠成為內家武當派一代開山祖師。

張三豐太極丹功體系的創立，可以說是儒、釋、道三教文化精華在中國一定歷史上交融結合、孕育成熟而產生的驕子。道教門戶只是這個驕子的孕室、產房和保育院。它是民族性的而不是宗教性的產物，更不像有些行露貪天之功、視開一葉障目的人們那樣，竟將這種博大精深的學派成果歸於某一家族、某一普通人物頭上。

第二節　太極拳爲什麼稱內家拳

太極拳，人們習慣上又稱爲內家拳，或連稱爲武當內家拳。但是，它爲什麼被稱爲內家拳呢？

歷來，人們對於「內家」之說解釋甚多，各執己見。

「內家」之說最早見於明清之際樸學大師黃宗羲《南雷文集》之中的《王征南墓誌銘》。王征南爲明末清初四明（今浙江寧波市）地方的一位武當拳名家，從師單思南。由王上溯七代爲開派祖師張三豐。《王征南墓誌銘》中云：「……有所謂內家者，以靜制動，犯者應手即撲（或作仆），故別少林爲外家，蓋起於宋之張三峰。」從黃宗羲「有所謂內家者」一詞的使用，可見當時「內家」之說不但已被普遍使用，而且相沿日久。但黃氏此說似執「以靜制動，犯者應手即撲」的「靜」者爲「內」，「動」之「犯者」爲外的敵我對象和技擊特徵而定。

有的認爲，「內家」是張三豐以儒士自稱。因爲出家人稱方外之人，張三豐不把自己當成是出家人，以和光同俗而稱「內家」。實際上這一說法站不住腳。因爲張三豐既然想以儒士自稱，他當年就曾以儒業進仕做過官，何必又辭官不做，偏偏愛當方外之人呢？

這裡須特別提及，歷史上有張三豐北宋說和元、明說。因北宋說者爲張三峰而非張三豐，故筆者將太極丹功體系創立者依史實認定爲元、明張三豐。拙著《內家武當派述秘》有專論。

還有的認爲，少林拳稱外家，是因爲少林寺是佛門，佛

教是從印度傳來，印度是外國，故稱外家。武當拳出自武當山，武當山是道教，道教是中國土生土長的教，在國內，故武當拳稱內家。這種說法看起來倒很合情理，實際仍然站不住腳。因為，佛教雖從外國傳來，但當和尚的都是中國人，不但佛教傳入後，經典理論都按中國人的理解認識作了翻譯，已具有中國特色。而且佛教的武術都還是中國土生土長的武術。所以，依此來畫分內家、外家仍然不能自圓。

當然，有人又曾辯解說，釋、道兩家從來存有門戶之隔，那麼，張三豐當然可以道教是本國之教，佛教是外國之教來畫內外家。但是這些人不知道，在張三豐的闡道著作中，從來沒有門戶之見，而且持儒、釋、道三教合一之觀點。認為三教在探索真理上，認識有相通之處。而且在歷史上，武當山是佛、道二門長期共存的。所以，這種說法也是根本站不住腳的。

還有的人認為，歷史上少林僧人善以武技表現自己，愛露形於外，所以稱外家。而武當山道人清心寡欲，恨山不高，恨林不密，歸隱都來不及，從不露圭角；而且，本領越高，越是不讓人知道，這種注重內在的特徵方可稱為內家。這種說法似有道理，但仍顯據理不足。因為，僧人也有愛隱者，而道人也有輕露者。況且，對於隱顯，也根本不是判定修道功夫的標準。而不少道家還認為，真正的修煉功夫還是在鬧市。就說張三豐，儘管他蹤影莫測，但還是經常拋面於世，而且，他的武當拳還教了許多道門以外的弟子呢！

除上述之外，還有以剛柔分內、外家之說；還有以攻防分內、外家之說；還有以功夫硬軟分內、外家之說；還有以地域之南北分內、外家之說……這一些，就離題更遠了。

關於內、外家的合理解釋，黃宗羲的「有所謂內家者，以靜制動，犯者應手即撲」為其一。而清·曹秉仁《寧波府志》則又解釋為：「外家其法主於搏人，而跳踉奮躍，或失之疏，故往往得為人所乘；內家……其法主於禦敵，非遇困厄則不發，發則所當必靡，無隙可乘……」還有黃百家《昭代叢書別集》「內家拳法」說：「自外家至少林，其術精矣，張三峰既精於少林，復從而翻之，是名內家。」

可以說，後者三說，對「內家」的解釋都較正確。但是，缺點在於沒有把事情說得更清楚明瞭。譬如，黃百家說「張三豐既精於少林，復從而翻之，是名內家」，那麼，這個「內」的文章就在一個「翻」字上。這個「翻」字「翻」的是什麼？曹秉仁則言，外家是「主於搏人」，而內家則「主於禦敵」。看來這個「翻」，是由攻「翻」變為防，由攻翻為防的實際旨趣何在？黃宗羲則言，是「以靜制動，犯者應手即撲」。實則到這裡，它的意義還未說完。內家的真正含義是要圍繞道家內丹修煉這一要旨來解釋方能明瞭。

那麼，煉內丹的目的是做什麼？張三豐在《太極拳歌》中這樣答道：「想推用意終何在，延年益壽不老春。」修煉內丹的目的是為了除疾去病，益壽延年。所以，張三豐創立武當太極拳，開宗明義是把養生放在首位。把太極拳當做修煉內丹的一種動功功法。張三豐認為：「若才得太極拳法，不知行功之奧妙，掣置不顧，此無異煉丹不採藥，採藥不煉丹，莫道不能登長生大道，即外面功夫，亦決不能成就。」（《道藏精華》第二集「張三豐太極煉丹秘訣」）這裡說的外面功夫就是技擊功夫。所以，內家拳首先是取得內養成就，在此基礎上附帶產生出技擊效用。也就是說，內養為

本，技擊為末。

據當代一些內家拳家的切身體驗，亦認為，學內家拳如果從一開始就一直把技擊作為目的來鍛鍊，將始終不得其門而入。只有以養生為出發點，在行動中鬆到底。靜到底，柔到底，才能日日見功。太極拳在技擊功能上「以靜制動，犯者應手即撲」，也就是內丹修煉中「寂然不動，感而遂通」的外在具體表現。它在技擊上表現的最高境界是一種以弱制強、慢勝快、無力打有力、「以四兩撥千斤」的先天自然本能。當然，這種先天自然本能實際是指合道的能力，並不指先天的身心素質。

王宗岳《太極拳論》所云：「斯技旁門甚多，雖勢有區別，概不外壯欺弱，慢讓快耳。有力打無力，手慢讓手快，是皆先天自然之能，非關學力而有也。」這裡所說的「先天自然之能」就是指先天身心素質；這裡所說的「學力」，就是指學道、合乎道的能力。因為，太極拳是丹道動功，常人所謂的先天身心素質這種「先天自然之能」，在丹道理論中已被視為後天，並非合於道的先天。而採用這種動功，通過「學力」，即功夫的進步，才能一步步靠近並合於道的先天。王宗岳並非不知其理，只是為了通俗易懂，方採用常人之說而已。它的整體戰略、戰術，乃至作為根本的哲學，與外家拳都是不同的，是恰恰唱了個反調，內家拳和道家哲學始終是一個完整體系。

而外家拳則不然，它的武術技擊訓練法和佛門的神定功夫及其佛學理論不成同一體系。或者嚴格講，我們今天所知的外家拳，並不能代表佛門原始拳法，它只是中國古來實用武術的一個匯集提煉。

1928 年，揚州金一明在其所著的《武當拳術秘訣》一書「引言」中，對「外家」的這種「匯集提煉」特殊現象作了闡述。他認為，佛門早期的拳術與後來在社會上廣為流行的拳術截然不同，「佛門早期拳術本非用為殺人禦敵之用」。古代，因佛門禪功喜靜不喜動，和尚們坐的時間長了，精神就顯得疲憊，而且腰腿都僵硬變形，由此引起整個生理的不良變化。佛法本是要修出個超出體殼之外的靈魂，這樣的禪定卻把身體都搞壞了，沒有好的軀殼，那靈魂由何處修呢！所以，禪功之機還是要修習強身健體之道。

　　據言，達摩祖師當時為解決這一矛盾，吸取華陀《五禽戲》中動功之長，又結合中醫經絡氣象和道家之「陰陽五行」、儒家之《易》理，以符合佛法修持為原則，創造了《洗髓經》、《易筋經》動靜兩門功法。以補禪功之不足，而促成「明心見性」之功能。

　　所以，佛門早期拳術，由此看，不僅和道家的早期拳功體用、理法相近，而且一定在「洗髓」、「易筋」功的基礎上有了一定的發展。但正如金一明先生又說，不過，「此為少林拳術之真理，是以其術不易輕傳俗人，非沙門釋子不能滲透其中三昧」。因為它高深玄妙，佛門又固執地不傳人，所以原始的佛門拳術，也即原始少林拳術漸為世人所稀知。那麼，再隨著佛教的興衰存亡，該拳術的傳人便漸漸稀少得不為外人所知了。

　　就筆者所知，唐、宋以來，佛、道兩家在理論和修道實踐方法上互相交流滲透，互補性很強。在武當山，佛、道二門共存，禪也學道，道也學禪。這種以丹功為本體的拳功，佛、道二家不分彼此，共同學習，均稱為內家。如今天津韓

英魁老先生早年接承的八卦轉九宮，便是由武當佛門傳至北少林，後由還俗高僧高登華傳藝與他。均宗武當張三豐為祖師。

金一明先生遂又接著考證說：「自魏、晉以降，唐、宋以來，朝代更變，其間緇衣者奔走十方，遂變佛門鍛鍊體魄之禪功而為戰鬥防身之預備。其間忠臣義士、大奸巨猾出入空門更不知凡幾世雖稍稍知其術，然諱莫如深。斯時張三豐應運而生。秉天賦之偉姿，過人之智識，慨其術不能見用於世，而反見嫉於人，遂加以研精，再變其戰鬥防身之秘法，而為主幹禦敵之秘訣，授術收徒，著述謄抄，公諸天下，其派遂大興。」

由此可以看出，少林後期拳術已非佛門原本「湯水」，它是中國古代以來未經哲學理論鍛造的實用武術。這種當然是歷史悠久的實用武術，是以技擊對抗中，人的後天體質和思維優勢來決定勝負的。此即王宗岳所云「先天自然之能」。這優勢就是，快制慢，強勝弱，有力打無力，千斤壓四兩等等。與內家拳兩者相比，一重外，一重內；一拙，一巧；一剛，一柔。所以前代內家拳家從實踐中體會到張三豐創內家拳是在「精於少林」的基礎上，結合道家養生理論千錘百鍊研究創造出來的。所以，後代學者能對張三豐的內家拳術精華「得其一二者，已足勝少林」。

那麼，換句話說，學內家拳不得其門而入，或學之不精，也未必就能勝於少林。當然，說少林後期拳術是中國自古以來未經哲學理論鍛造的實用武術，其「實用」之「術」，是指它主要是一種經驗的總結積累，也包括它後來對內家拳的某些方面借鑒。能流傳到今天的某些少林早期拳

術，那就另當別論了。

從這個意義上我們可以看出，少林佛門拳術也有內家、外家之分，而武當拳術也有內家、外家之分。內、外家的分別絕不是佛門、道門的分別，而是拳術中含不含養生內功的區別。清代周述官編著《增演易筋洗髓內功圖說》，其「內外功辨」也持此見。應該說，張三豐創立的以太極拳為代表的內家拳法，只是因為開創於武當山，方有「武當」這一流派標誌。但這一流派並不是某一宗教家門的專利。它代表了一個歷史時期一大批中國武家，從主觀實用經驗主義中解脫出來，邁向以研究客觀哲學理論並以其指導實踐的民族群體意識的昇華或飛躍。這是中國武術學歷史發展的必然現象。

第三節　太極拳為什麼要、為什麼能建立在養生基礎上

太極拳為什麼要、為什麼能建立在養生基礎上，這個問題的核心是道學理論和宗旨使然。

在中國傳統文化中、儒、釋、道三教在探索宇宙自然本質上，在討論人的生存意義上，都力求實現人與自然和人與自然規律的相合。所以，三家的哲學觀有很多相通之處。張三豐持「三教圓融說」而創立太極丹功體系，其意義也在於此。然而，儒、釋、道三家在對待具體的人生生存行為上，所選擇的目標卻各有不同，儒家講「治世之學」，提倡「修身、齊家、治國、平天下」；釋家講「解脫之學」，提倡「跳出三界外，不在五行中」，要免除輪迴之苦，修出一個脫離肉體而永恆存在的圓融靈魂；道家偏偏都不相同，他們

講「長生之學」，提倡「長生久世，飛升成仙」，希望人的肉體連同靈魂永遠完美地存在於世界上。張三豐所持「三教圓融說」，其實是站在道家立場上，吸收別家可取的理論，和某種階段上可取的別家修為方法，來為道家所用。它的太極丹功體系就是圍繞長生之學的宗旨而創立的。

道家丹功的次第驗證，大致上可分為除病、健身、益壽、延年、長生、成仙（仙者，山中修煉得道之人）六個階段、層次效益。對於「長生，成仙」我們可以不去相信它，這當然是現實且客觀的態度。然而，道家丹功的前四個階段層次的效益，作為基礎功夫之驗證，這確是歷來有目共睹的。正因為如此，道家丹功就有能因人施教的可普及性。道家自己要追求長生成仙，他們同時也有普救眾人的宏願。

他們傳播丹功，並不苛求天下人都能修成不死之仙。他們認為，不長生可以延年，不延年可以益壽，不益壽可以健身，不健身可以治病，學了總有好處。所以，張三豐創立的太極丹功體系，就把動功部分的太極拳（包括形意拳、八卦掌等）作為可以普及的功夫廣泛傳播於民間。並開宗明義地指出，道家推廣普及內家拳法是「欲令天下英雄豪傑延年益壽，不圖技藝之末學」。

道家最重視人的生命意義，認為「道貴生」。人從出生到生存，是大自然的恩賜，人既然生了，就應該報答大自然的恩德。這種報答方式就是：好好活人。活得健康愉快，美滿和諧，從而圓滿完成每個人的生存使命。既然如此，人與人之間就應該和平，人與生靈萬物也應該保持和平，那麼，人間就不該有爭鬥。當然，也不能去鬥獸類、鬥自然。天人間保持著和平，就有利於養生。太極拳為什麼要建立在養生

基礎上，就是道家的這種慈悲之心。

太極拳為什麼能夠建立在養生基礎上？因為，它作為丹道修煉的動功形式，服從於「天人相合」的自我身心訓練的要求。這種要求的本質和指導原理是，讓人的心理和生理既要符合宇宙自然規律，也要符合自身的自然規律，並將它處於自然規律運動的初始階段：在八卦上就是太極——陰陽和諧，在季節上就象徵春天，在人就要鍛鍊成兒童少年。

太極是廣義哲學，用這種廣義哲學去看，天有太極，地有太極，人有太極，事有太極；年有太極，月有太極，日有太極，時有太極。人與人可成太極，事與事可成太極，天與人也可成太極。

這太極就是陰陽相對獨立而又互相交合運變的和諧統一現象，所以，太極拳所制定的身心運動形式是處處要合太極，處處要對人進行最佳的身心調節。它的「六合」、「八法」要領，具有舒筋活絡、平心調氣、活血化精、滋養五臟、保養肌膚、益腦開智、陶冶精神等全面功能。能夠完成並達到煉精化氣、煉氣化神、煉神還虛合道的境界。

由此可見，太極拳養生效益是不言而喻的。自古及今，凡學練太極拳者，果能得其要旨登堂入室，持之以恆去鍛鍊，沒有不養生的，沒有不長壽的。此類例證，有目共睹，不勝枚舉。

第四節　張三豐及其太極丹功體系

我所認定的太極拳創自於張三豐（說集大成和中興最為合適，但張三豐既為畫時代之人物，用「創自」也無不

可），其根據如下：

1. 張三豐以前道門就有太極拳流傳。張三豐有繼承、發揚的依據（詳參前章：「太極拳是怎樣產生的」）。

2.《寧波府志》、《王征南墓志銘》、王漁洋之文集《拳技派》、《宋氏太極拳源流支派論》、《清史稿》以及北派太極拳（趙堡、楊式、武式等）各家拳譜、稗官野史，都有太極拳始於張三豐的記載。沒有理由否定。

3. 張三豐是真實歷史人物，明、清大量正史、野史，武當道教宗譜，中國道教宗譜，包括武當山在內的各國各地大量文物有確證（另可詳參《武當拳之研究》一書，北京體育學院出版社 1992 年 7 月）。

4. 歷史上與太極拳有關的張三豐有兩人，說北宋者是張三峰，說南宋、元明者則是張三豐。南派太極拳所宗之祖一為北宋張三峰，一為元、明張三豐。南派太極拳是兩源的匯集。北派太極拳所宗之祖是元、明張三豐，是一源繼承（此論可見拙著《內家武當派述秘》一書）。今所主要論證的當是元、明之際的武當丹士張三豐。

5. 張三豐所創興的太極拳，是張三豐太極丹功體系中的動功形式之一。

筆者之所以肯定張三豐的太極丹功體系，是因為有關重要歷史史料終於得以保存下來，並已披露於世。由於有關史料並不是來自武術界，也與太極拳源流的爭論無關，所以，迄今為止，它是證實太極拳創自張三豐的主要證據。

這一歷史史料就是於本世紀 70 年代臺灣自由出版社出版的《道藏精華》。全套共十七集，其中第二集為《張三豐太極煉丹秘訣》。其中有張三豐太極十三勢圖譜，並有張三

豐關於太極拳的論述。該《秘訣》全文近年已被收入大陸出版的《中國道教氣功養生大全》和《東方修道文庫》系列叢書中。

關於臺灣出版的《道藏精華》，筆者未能親睹。但據《中國道教氣功養生大全》（李遠國編著，四川辭書出版社1991年7月）介紹，民國初年，中國道教研究學者蕭天石先生窮究《道藏》，發現有些重要道教經典被前代歷史遺漏。為補這一缺憾，蕭先生便不辭辛勞，足跡踏遍名山洞府，參訪道佛名師數十輩，得道教南北二宗之傳，尤多獨得之秘。所收丹經秘籍達八百餘種之多，多為明、清之著作。這些丹經秘籍，因其散佚丹房碧宮，世人罕知罕見，《張三豐太極煉丹秘訣》是蕭先生於武當山得之武當道總徐本善之珍藏。後來蕭先生到了臺灣，潛心整理，選刊《道藏精華》一百餘本，後又得結集出版。

為滿足太極拳愛好者、研究者之需要，現將《張三豐太極煉丹秘訣》全部轉載如後。原註：下列各節均引自《明·張三豐傳》。

一、張三豐太極拳名稱與圖示

1.太極拳七十二路名稱

太極起式　攬雀尾　單鞭　提手　白鶴亮翅　摟膝拗步手揮琵琶　左右摟膝拗步　手揮琵琶　進步搬攔捶　如封似閉　十字手　抱虎歸山　肘底看錘　左右倒攆猴　斜正式提手　白鶴亮翅　撤身錘　上步搬攔捶　攬雀尾　單鞭左右

鬆手　單鞭　高探馬　左右分腳　轉身蹬腳　左右摟膝拗步
進步栽捶　翻身白蛇吐信　上步搬攔捶　蹬腳　左右披身伏
虎　回身蹬腳　上步搬攔捶　如封似閉　十字手　抱虎歸山
斜單鞭　左右野馬分鬃　上步攬雀尾　單鞭　玉女穿梭　上
步攬雀尾　單鞭　鬆手　單鞭下式　金雞獨立　倒攆猴　斜
正式　提手　白鶴亮翅　摟膝拗步　海底針　扇通臂　撇身
捶　上步搬攔捶　攬雀尾　單鞭　鬆手　單鞭　高探馬　十
字腿　摟膝指襠捶　上勢攬雀尾　單鞭下式　上步七星　退
步跨虎　轉腳擺蓮　彎弓射虎　上步搬攔捶　如封似閉　十
字手　合太極

2. 太極拳七十二路圖譜

見附圖

二、太極十要訣

　　人之作用，有動必靜，靜極必動，動靜相因，而陰陽
分，渾然一太極也。人之生機，全恃神氣，氣清上浮，無異
上天。神凝內斂，無異下地。神氣相交，亦宛然一太極也。
故傳我太極拳法，即須先明太極妙道。若不明此，非吾徒
也。太極拳者，其靜如動，其動如靜，動靜循環，相連不
斷，則二氣即交，而太極之象成。

　　內斂其神，外聚其氣，拳未到而意先到，拳不到而意亦
到。意者，神之使也。神氣即媾，而太極之位定。其象既
成，其位既定，氤氳化生，而演為七二之數。

　　太極拳總勢十有三，掤、攦、擠、按、採、挒，肘、

靠、進步、退步、左顧、右盼、中定，按八卦、五行之生剋也。其虛靈，含拔，鬆腰，定虛實，沉墜，用意不用力，上下相隨，內外相合，相連不斷，動中求靜。此太極拳之實要，學者之不二法門也。學太極拳為入道之基。

三、太極拳十三勢歌及打手歌訣

（見前，略。）

四、太極拳法訣

　　一舉動，周身俱要輕靈，尤須貫力。氣宜鼓蕩，神宜內斂，毋使有凹凸處，毋使有斷續處。其根在腳，發於腿，主宰於腰，形於手指。由腳而腿而腰，總須完整一氣。向前退後，乃得機得勢。有不得機得勢處，身便散亂，其病必於腰腿求之，上下、前後、左右皆然。凡此皆是意，不在外面。有上即有下，有前即有後，有左即有右。如意要向上，即寓下意，若將物掀起而加以挫之之力，斯其根自斷，乃壞之速而無疑。虛實宜分清楚。一處自有一處虛實，處處總此一虛實。周身節節貫穿，無令絲毫間斷耳。

　　長拳者，如長江大河，滔滔不絕也。十三勢者掤、攦、擠、按、採、挒、肘、靠，此八卦也。進步、退步、左顧、右盼、中定，此五行也。掤、攦、擠、按，即坎、離、震、兌四方正也。採、挒、肘、靠，即乾、坤、艮、巽，四斜角也。進、退、顧、盼、定，即金、木、水、火、土也。

五、太極四季功

《真訣》曰：「凡春三月肝氣旺。肝旺者，以父母真氣，隨天度運而在肝。若遇木日，甲乙剋土。於辰、戌、丑、未之時，依時起火煉脾氣。余日兌卦時，損金以耗肺氣，是時不可下功也。坎卦時，依法起火煉腎氣。震卦時，入室，多入少出。息住為上，久閉次之，數至一千息為度。當時內觀如法，一任冥心閉目，青色自見，漸漸升身以入泥丸。自寅至辰，以滿震卦（一千息以上尤佳，以息息漸微為度，如息佳不須連數）。

凡夏三月心氣旺。心旺者，以父母真氣，隨天度運而在心。若遇火日，丙丁剋金。於兌卦時，依法起火煉肺氣。余日坎卦時，損水以耗腎氣，是時不可下功也。震卦時，依法起火煉肝氣。離卦時，入室以前行持。赤色自見，漸漸升身以入泥丸。自巳至未，以滿離卦（一千息以上尤佳，其說如前）。

凡秋三月肺氣旺。肺旺者，以父母真氣，隨天度運而在肺。若遇金日，庚辛剋木。於震卦時，依法起火煉肝氣。余日離卦時，損火以耗心氣，是時不可下功也。巽卦時，依法起火煉脾氣。兌卦時，入室以前行持。白色自見，漸漸升身以入泥丸。自申至戌，以滿兌卦。

凡冬三月腎氣旺。腎旺者，以父母真氣，隨天度運而在腎。若遇水日，壬癸剋火。於離卦時，依法起火煉心氣。余日辰、戌、丑、未時，損土以耗脾氣，是時不可下功也。兌卦時，依法起火煉肺氣。坎卦時，入室以前行持。黑色自

見，漸漸升身以入泥丸。自亥至丑，以滿坎卦。」

《道要》曰：「凡行此法，不限年月日時。一依前法，以至見驗方止，其氣自見。須是謹節不倦，棄絕外事，止於室中。用意測其時候，用兩個純陽小子，或結交門生，交往翻復，供過千日，可了一氣。一以奪一，一百日見功，五百日氣全，可行內觀。然後聚陽神以入天神，煉神合道，入聖超凡。煉氣之驗，但覺身體極暢。常仰升騰，丹光透骨，異香滿室。次靜中外觀，紫霞滿目。頂中下視，金光罩體。奇怪證驗，不可備記。」

六、太極早功法

日將出即起，面對太陽光，吸氣三口，即將口閉。提起丹田之氣到上，即將口閉之氣，與津液咽下；然後將身往下一蹲，兩手轉托腰眼，左足慢慢伸直，三伸，收轉左足；又右足伸直，三伸，收轉右足；將頭面朝天一仰，又朝地一俯；伸起腰，慢立起，兩手不用，就拿開；立起之時，將右手慢慢掌向上三伸，往下一聳，又左手慢伸起，將掌向上三伸，往下一聳，又左手慢伸起，將掌向上三伸，亦往下一聳；然後一步一步，作一周圍，一步步完，將兩足在圈內一跳，靜坐一刻，取藥服之。

七、太極午功法

正午，先盤膝坐，兩手按膝，腰直起，閉目運氣，一口送下丹田。念曰：「本無極之化身，似藏八卦有真因，清通

一氣精氣神。日月運行不息，陰陽甲乙庚辛，生剋妙用，大地回春。掃除六賊三尸，退避清真，開天河之一道，化玉之生新。圓明有象，淨徹無垠。養靈光於在頂，出慧照於三清。不染邪祟之害，不受污穢之侵，水火既濟，妙合天地人。學道守護，五方主令元神，四時八節，宰治之神，養我魄，護我魂，通我氣血，生育流行。天罡地煞，布出元精。二十四氣十二辰，妙應靈感觀世音，太上老元君，道祖呂真人——玉清真王長生大帝，化作太極護法韋陀，日月普照來臨。」念七遍開目。運動津液，徐咽下。

　　將左手按腰，右足伸出。右手按腰，左足伸出。伸出後，將兩足併合。往前一伸，頭身後一仰，立起。將兩掌擦熱，往面一擦，擦到兩耳。左手按左耳，右手按右耳。兩手中指上下交各彈三下，往項上一抹到胸。左手擦心，右手在背腰中一打，然後兩手放開，頭身往下一勾。再以右手往前頭一拍，抬起腰身。左手腹中一抹，然後前足換後足。往前跳三步，退三步。口中津液，作三口咽下。朝西吐出一氣，復面東吸進一氣，閉鼓氣一口送下，此導陰補陽也。

八、太極晚功法

　　面朝北，身立住。左右手，捧定腹。兩足併，提起一氣運津液，待滿口，一氣咽下。兩手左右一伸如一定。掌心朝外豎起，將少蹲作彎弓之狀。左手放前對定心，右手抬過頭。掌朝上，四指捻定，空中指直豎。右掌朝下，捻大小指。中三平豎，兩手相對，如龍頭虎頸抱合之相。頭於此時側轉，面向東。往前一起一蹲。走七步，立正。將兩手平

放。以右手抱左肩、左手抱右肩，蹲下頭勾狀胸前。兩目靠臂膀中間。呼吸一回，將兩目運動。津液生起，以舌尖抵上腭，上下齒各四五下，將津液徐徐咽。

兩手一抄，縱起一步。右手往上一抬，左手往上一抬，放下。輪流三次。左足搭右足，往下一蹲，立起。右足搭左足，往下一蹲，立起。將腰扭轉一次，乃呵氣一口。收轉氣，兩手在膝蓋上各捻兩三下。左邊走至右邊，右邊走至左邊，共八十步。此要對東北走、東北對西南走。完坐下。略閉神一會。將兩手對伸一下，站起再服晚藥。以清水漱淨口。仰眾到寅，再住。翻動睡之。此通養神功，收魂聚魄也。

九、太極行功法

太極行功，功在調和陰陽，交合神氣。打坐即為第一步下手工夫。行功之先，猶應治臟。使內臟清虛，不著渣滓，則神斂氣聚，其息自調。進而吐納，使陰陽交感，渾然成為太極之象。然後再行運各處功夫。

冥心兀做，息思慮，絕情欲，保守真元，此心功也。盤膝屈股，足根緊抵命門，以固精氣，此身功也。兩手緊掩耳門，疊指背彈耳根骨，以祛風池邪氣，此首功也。兩手擦面待其熱，更用唾液偏摩之，以治外侵，此面功也。兩手按耳輪，一上一下摩擦之，以清其火，此耳功也。緊合其睫，睛珠內轉，左右互行，以明神室，此目功也。大張其口，以舌攪口，以手鳴天鼓，以治其熱，此口功也。舌抵上腭，津液自生，鼓漱咽之，以潤其內，此舌功也。叩齒卅六，閉緊齒

關，可集元神，此齒功也。兩手大指，擦熱揩鼻，左右卅六，以鎮其中，此鼻功也。

既得此行功奧竅，還須正心誠意，冥心絕欲，從頭做去，始能逐步升登，證吾大道，長生不老之基，即胎於此。若才得太極拳法，不知行功之奧妙，摯直不顧，此無異煉丹不採藥，採藥不煉丹，莫道不能登長生大道，即外面功夫，亦絕不能成就。必須功拳併煉。蓋功屬柔而拳屬剛，拳屬動而功屬靜，剛柔互濟，動靜相因，始成為太極之象。相輔而成，方足致用。此練太極拳者，所以必先知行功之妙用。行功者，所以必先明太極之妙道也。

十、太極打坐訣

大凡打坐，須將神抱住氣，意繫住息，在丹田中宛轉悠揚，聚而不散，則內臟之氣與外來之氣，交結於丹田。日充月盛，達乎四肢，流乎百脈，撞開夾脊雙關，而上游於泥丸，旋復降下絳宮。而下丹田，神氣相守，息息相依，河車之路通矣。功夫到此，築基之效已得一半了，總是要勤虛煉耳。

十一、太極玉液法

凡用艮卦飛金晶入腦，止於巽卦而已。此言飛金晶三百日後也。離卦罷採藥，坤卦罷勒陽關。只此兌卦下手勒陽關，至乾卦方止。既罷離卦，添入咽法煉形。咽法者，以舌攪上腭兩頰之間，先咽了惡濁之津，次退舌尖以滿，玉池津

生，不嗽而咽。凡春三月，肝氣旺而脾氣弱，咽法日用離卦。凡夏三月，心氣旺而肺氣弱，咽法日用巽卦。凡秋三月，肺氣旺而肝氣弱，咽法日用艮卦。凡冬三月，腎氣旺而心氣弱，咽法日用震卦（飛金晶法亦不妨）。凡四季之月，脾氣旺而腎氣弱，人以腎氣為根源。四時皆有衰弱，每四時季月之後十八日，咽法日用兌卦，仍與前咽法併用之。獨於秋季，止用兌卦咽法，而罷艮卦之功。

以上咽法，先依前法而咽之。如牙齒玉池之間而津不生，但以舌滿上下而閉玉池，收兩頰，以虛咽而為法，止於咽氣，氣中自有水也。咽氣如一年（三十六次至四十九次為數）。又次一年（八十一次），又次一年（一百八十一次）為見驗，乃玉液還丹之法。行持不過三年，灌溉丹田，沐浴胎仙，而真氣愈盛。

十二、太極合道法

《真訣》曰：「此法合道，有如常說存想之理，又如禪僧入定之時。當擇福地置室，跪禮焚香。正坐盤膝，散髮披衣，握固存神，冥心閉目。午時前微微升身，起火煉氣。午時後微微斂身，聚火煉丹。不拘晝夜，神清氣合，自然喜悅。坐中或聞聲莫聽，見境勿認，物境自散。若認物境，轉加魔障。魔障不退，急急向前。以身微斂，斂而伸腰。後以胸微僂，僂不伸腰。少待前後，火起高升，其身勿動，名曰焚身。火退魔障，自散於軀外，陰邪不入於殼中。始此三兩次已。當想遍天地之間，皆是炎炎之火。火畢清涼，了無一物。但見車馬歌舞，軒蓋綺羅，富貴繁華，人物歡娛，成隊

成行，五色雲升，如登天界。及到彼中，又見樓臺聳翠，院宇徘徊，珍珠金玉，滿地不收，花果池亭，莫知其數。須臾異香四起，娛樂之音，嘈嘈雜雜。賓朋滿座，水陸俱陳，且笑且語，其賀太平。珍玩之物，互相獻受。當此之際，雖然不是陰鬼魔障，亦不得認為好事。蓋修真之人，棄絕外事，甘受寂寞，或潛跡江湖之地，或循身隱僻之隅。絕念忘情，舉動有戒，久受劬勞，而立瀟灑。一旦功成法立，遍見如此繁華，又不謂是陰魔，將謂實到天宮。殊不知脫凡胎，在頂中自己天宮之內，因而貪戀認為實境。不用超脫之法，止於身中。陽神不出，而胎仙不化，乃日出昏衢之上，為陸地神仙，僅可長生不死而已。不能脫質升仙，而歸三島以作仙子。到此可惜。學人自當慮。超脫雖難，不可不行也。」
《道要訣》曰：「不無盡法，已減省故也。」

十三、太極金液法

若行此玉液還丹之法，而於三百日養就內丹，真氣才生，艮卦飛金晶，一撞三關，上至泥丸，當行金液還丹之法。自頂中前下金水一注，下還黃庭變成金丹，名曰金丹。行金液還丹，當於深秘幽房，風日凡人不到之處。燒香疊掌，盤膝坐，以體蹲而後升，才覺火起。正坐。絕念忘情內觀，的確艮卦飛金晶入頂，但略昂頭偃頂，放令頸下。如火方點頭。身前低頭曲項，退舌尖進後，以抵上腭。上有清冷之水，味若甘香。上徹頂門，下通百脈。鼻中自聞一種真香。舌上亦有奇味。不嗽而咽下還黃庭，名曰金液還丹。春夏秋冬，不拘時候，但於飛金晶入腦之後節。次行此法，自

艮至巽而已。晚間勒陽關法，自兌至乾而已。凡行此法，謹節慎前，方可得成。

十四、太極超凡法

《真訣》曰：「超者，超出凡軀，而入聖品；脫者，脫去俗胎，而為仙子。是神入氣胎，氣全真性，須是前功節節見驗正當。方居清靜之室，以入希夷之境。內觀認陽神，次起火降魔，焚身聚氣，真氣升在天宮，殼中清靜，了無一物。當擇幽居，一依內觀，三禮既畢，平身不須高升，正坐不須斂神，閉目冥心。靜寂朝元之後，身軀如在空中。神氣飄然，難為制禦。默默內觀，明明不寐。山川秀麗，樓閣依稀，紫氣紅光，紛紜為陣。祥鸞綠鳳，言語如簧。異景繁華，可謂壺中真趣。而洞天別景，逍遙自在，宜然不知有塵世之累。是真空之際，其氣自轉，不須用法。依時，若見青氣出東方，笙簧嘹亮，旌節車馬，左右前後，不知多少。須臾，南方赤氣出，西方白氣出，北方黑氣出，中央黃氣出，五氣結聚而為綠雲。樂聲嘈雜，喜氣熙熙。金童玉女，扶擁自身。或跨火龍，或乘玄鶴，或跨綠鸞，或騎猛虎，升騰空中。自下而上。所遇之處，樓臺觀宇，不能盡陣，神祇官吏，不可備說。又到一處，女樂萬行，官僚班列，如人間帝王之儀，聖賢畢至。當此之時，見之旁若無人。乘駕上升，以至一門。兵衛嚴肅，而不可犯。左右前後，官僚女樂留戀不已，終是過門不得。軒蓋復面，自上而下，復入舊居之地。如此上下不厭其數，是調神出殼之法也。積日純熟，一升而到天宮，一降而還舊處，上下純無滯礙。乃自下而上，

或如登七級寶塔，或如上三層瓊樓。其始也，一級而復一級，七級上盡，以至頂中，輒不得下視，恐神驚戀軀不出。既至七級以上，則閉目便跳，如寐如寤，身外有身，形如嬰兒，肌膚鮮潔，神採瑩然。回視故軀，亦不見有所見之者，乃如糞堆，又如枯木，憎愧萬端。輒不可頓棄而遠遊，始乎一步二步，次二里三里，積日純熟，乃如壯士展臂，可千里萬里而形神壯大，勇氣堅固。然後寄凡骸於名山大川之中，從往來應世之外，不與俗類等倫。或行滿而受天書，驂鸞乘鳳，跨虎騎龍，自東至西，以入紫府。先見太微真君，次居下島。欲升洞天，當傳道積，行於人間。受天書而升洞天，以為天仙。凡此行法，古今少有成者。蓋以功不備而欲行之速，便為此道。或功驗為證，止事靜坐，欲求超脫。或陰靈不散，出而見仙，人不見形，來往去住，終無所歸。止於投胎就舍，而奪人軀殼復得為人。或出入不熟，往來無法，一去一來，無由再入本軀。神魂不知所在，乃釋子之坐化，道流之尸解也。故行此道，要在前功見驗正當，仍擇地築室。以還一切。腥穢之物，臭惡之氣，往來之聲，女子之色，不止於觸其真氣，而神亦厭之。既出而復入，入而不入，則形神俱妙，與天地齊年，而浩劫不死。既入而復出，出而不入，如蟬脫蛻，遷神入聖。此乃超凡脫俗，以為真人仙子，而在風塵之外，寄居三島之洲者也。」《道要》曰：「不無盡法，已滅息矣。」

十五、太極長生法

《真訣》曰：「坎卦陽生，當正子時，非始非終。艮卦

腎氣、交肝氣。未交之前，靜室中披衣握固，正坐盤膝，蹲下腹肚；須臾升身。前出胸而微傴頭於後。後閉夾脊雙關。肘後微扇一二伸腰，自尾閭穴。如火相似，自腰而起，擁在夾脊，慎勿開關，即時甚熱氣壯。漸次開夾脊關。放氣過關，仍伸面腦後。緊傴以閉上關，慎無開之。即覺熱極氣壯，漸次開關入頂，以補泥丸髓海。須身耐寒暑，方為長生之基。次用還丹之法。如前出胸伸腰閉夾脊蹲而伸之。腰間久不起，當靜坐內觀。如法再作，以火起為度。自丑行之，至寅終而可止。乃曰肘後飛金晶。又曰抽鉛。使腎中氣生肝氣也。且人身脊骨二十四節，自下而上三節，與內腎相對；自上而下三節，名曰天柱。天柱之上，名曰玉京。天柱之下，內腎相對尾閭穴之上，共十八節。其中曰雙關。上九下九，當定一百日，遍通十八節而入泥丸。必於正一陽時，坎卦行持，乃曰肘後飛金晶。離卦採藥，乾卦進火燒藥，勒陽關始一百日飛金晶入腦，三關一撞，直入上宮泥丸。自坎卦為始，至艮卦方止。自離卦採藥，使心腎氣相合。而肝氣自生心氣，二氣純陽，二八陰消，薰蒸於肺，而得肺液下降也。含真氣曰得黍米之心，而入黃庭，方曰內丹之材，即百日無差，藥力全。凡準卦採藥用法，依時內觀轉加精細。若乾卦進火燒藥，勒陽關自兌卦為始，終在乾卦。如此又一百日，以肘後飛金晶，自兌卦至震卦方止。離坎採藥之時，法如舊。以配自坤至乾卦行持，即二百日無差，聖胎堅。勒陽關法，自坤卦至乾卦方止。如此又一百日足。泥丸充實，返老還童，不類常人。採藥就，胎仙完，而真氣生，形若彈圓，色同朱桔，永鎮丹田，而作陸地神仙。三百日後行持，至離卦罷採藥，坤卦罷勒陽關，即行玉液還丹之道。故至冬

至後，方曰行功。三百日胎完氣足而內丹就，真氣生。凡行此法，方為五行顛倒，三田反覆。未行功之前，先要匹配陰陽，使氣液相生，見驗方止。次要聚散水火，使根源牢固，而氣行液住，見驗方止。次要交媾龍虎，燒煉丹藥，使採補還丹而鍛鍊鉛汞，見驗方止。十損一補之數足，而氣液相生，見驗方止。上頂行持，乃小乘之法，自可延年益壽。若以補完堅固，見驗方止。方可年中擇月。冬至之節，月中擇日。甲子之日，日中擇時。坎離乾卦，三時為始。一百日自坎至艮，自兌至乾。二百日後，自坎至震，自坤至乾。凡此下功，必於幽室靜宅之中，遠婦人女子，使雞犬不聞聲，臭穢不入鼻，五味不入口，絕七情六慾。飲食多少，寒熱有度，雖寤寐之間，而意恐損失，行功不勤，難成乎道，如是三百日看應驗如何。」

第五節　對《張三豐太極煉丹秘訣》評述

《張三豐太極煉丹秘訣》的再現，無疑使太極拳的源流問題真相大白。這裡，還給我們帶來了不少啟示，筆者認為有以下幾點。

一、道門「真訣」不露世，故以前世人多不知張三豐太極丹功體系真相

眾所周知，道門的「真訣」是從來只在門內弟子中秘傳單傳，不願泄漏於世的。古今來能公諸於世，大多只是宏

觀上說理的書。或是用隱語講論丹法的書。道門這樣做，自有他們的道理：

一是道法說白了極簡單，修煉起來卻挺艱難。如果將這極簡單的道理方法公開化，一般人會覺得它分文不值，如老子所說，「俗人聽了會笑掉牙」。豈不知要得到這簡單之極的道卻難之又難。所以，簡單化的公開反而貶低了修道的崇高價值。

二是修道之人重在得道揚德，若將道法輕易公開，遇上歹人獲道，會以道法殃民害人，這樣就玷污了道的純潔性和正義性。

三是道雖簡單，但前輩道家悟得它卻極艱難，獲得它又極艱難，輕易公開會導致學者忽視它的嚴肅性和艱難性。學人若不用功，或畏艱難，反而會以為老師沒有把「真訣」說完。

四是宗有派，派有宗，宗派之間各有秘傳，各有絕招，按照門規，不得公開。

五是道俗有別，道門「真訣」得之者可普濟眾生，但按戒律卻不得公諸眾生。其義見前。

但道門「真訣」既有傳，縱是再秘密也有流世的。一些好心人得到它，總有偶爾公開之事。但這些現象極少。像《張三豐太極煉丹秘訣》，若非蕭天石是個道教研究家，若非清末以來道教更趨衰微，道門也有弘揚宗風之意，若非蕭先生精誠之至，這一珍貴經典恐怕仍舊會隱匿於道門之中，永不露世。

二、道門論道不論拳，故以前正史多諱言張三豐與拳法有關

自古以來，道家與道教都是以弘揚大道為己任。大道者，天人相合之學也。道家以理教人，道教以神教人，對己則一個修真養性而已。殊途同歸，法旨不二。武學一道，乃道門護道降魔之一法，非遇困厄而不發；又以天下利器不可示人之故，所以排在學道之末等。然也是必學之學。學雖可學，名可不名。這是歷來道門最嚴守的宗旨和規訓。

古來道門高人，既是真遇困厄而不能避，也是以超群技藝服人，而非殺人。古載北宋武當丹士張三峰「以單丁殺賊百餘」，這個「殺」字只能當「教訓」講，非真是殺死之殺。因道門戒律極講不殺生，連踩死螞蟻都視為罪過，怎麼會殺人呢？即使到了元明張三豐這裡，能夠將太極拳廣傳於世，但他那口號宗旨也煞是響亮：「欲令天下豪傑延年益壽，不圖技藝之末學。」

所以，武學一道在古代道門是絕對禁止載入史冊的。這中「以技擊為末學」的宗旨，對古代統治者當然更是求之不得的事。因為宗教具有號召力，宗教門中不宣揚甚至貶低武術技擊，這就大大減少了社會民眾造反的可能。鑒於這雙重原因，在古代正史中，以及宗教的史志中大都沒有關於佛、道兩家武技的記載。對於著名宗教人物的推崇，大都宣揚其「道德高尚」，「雅志孤高」，「超凡入聖」，「大忠大孝」，「大慈大悲」等。所以，張三豐與拳法的事跡在明清正史中，在《大岳太和山志》裡當然不可能出現。這也就是

它只能出現於各有關的地方志、野史、稗史、小說、傳說及承傳於拳法門派傳人的宗譜和口碑中的原因。

三、道門傳拳不傳丹，故民間太極拳派多有拳經而少丹經

在第一個啟示裡，我們已知道門「真訣」不露世的原因。但道門拳法為什麼可以傳向社會呢？從張三豐太極拳的傳播我們可以分析出以下原因：

其一，拳法是丹法的動功，但它與丹法靜功內煉相比，簡單易學，利於推廣普及；

其二，內家拳法是以養生為宗旨，有利普濟眾生，儘管也須擇徒而授，但有宗旨在前，可以傳播，並強調「能廣傳更好」；

其三，據有學者考論，明朝永樂皇帝朱棣篡位後，張三豐出於正統觀念，可能有過幫助流亡皇帝朱允炆復辟的秘密活動，以「養生」為招牌推廣拳法，聯絡義士，訓練武林高手當是必然。另外，也可能有義士參與復辟，專門以出家為名義學習內家拳法。這在明、清兩代白蓮教起義，清初的反清復明活動，都有武當道士參與，便是事實。

明、清兩代，武當道士最多人數達一兩萬人，最少也經常保持數千人，道人成分複雜，內家拳法被推廣、流傳到民間也是可以想見的事。

因為流傳到民間的多是拳法武技（即使有丹法流傳到民間，民間百姓也會棄而不用。如早期的趙堡太極拳是有丹法傳衍的，但到後來的傳人多棄置不顧，便是明證），所以至

今承傳在各派太極拳傳人中的就只會有宗譜和拳經。《張三豐太極煉丹秘訣》裡的拳經和各家太極拳的拳經相一致，而唯獨各家太極拳都無其中丹經承傳，極能說明道門傳拳不傳丹和傳丹多棄丹的事實真相。

　　四、對照《張三豐太極煉丹秘訣》，太極拳經訣在傳抄歷史過程中的許多作者誤斷和拳經支解後的誤解，可以得到澄清與糾正。而有些則可予以肯定。現將僅有所掌握資料分述如下：

　　1. **宗譜**。有關題為《張三豐承留》云：「天地即乾坤，伏羲為人祖……授之至予來，字著宣平許……」這篇張三豐自敘宗譜，至今完整承傳於趙堡太極拳和楊式太極拳傳人之中。今有《武當趙堡傳統三合一太極拳》（劉會峙著）和《楊澄甫式太極拳》中「家傳古典手抄太極拳老拳譜」（楊振基口述，嚴翰秀整理）披露。無一字相錯。

　　分析：張三豐直傳或間傳王宗岳，王宗岳傳趙堡蔣發，蔣發直傳或間傳陳家溝陳長興，陳長興傳楊露禪，各家保存至今，線索明確。

　　結論：係張三豐承留無疑。

　　2. **拳理**。今趙堡太極拳與楊式太極拳傳人均承傳有：起句為「予知三教歸一之理」，尾句為「願後學以易理致於身中，留於後世可也」一篇。劉會峙《三合一太極拳》（簡稱）注為「師傳張三豐老師之言」，《楊澄甫式太極拳》古拳譜注為「口授張三豐老師之言」，除此「師傳」與「口

授」提法有別，文字相同。

分析：原因同前。

結論：係張三豐承留無疑。

3. **宗譜**。《穴位存亡論》起句「穴有存亡之穴」，尾句「意抑亦知武事中烏有匪人哉」。趙堡傳人冠名為「師傳」（見劉會峙《三合一太極拳》），楊式傳人冠名為「口授」（見《楊澄甫式太極拳》古拳譜），除此，文字相同。

分析：傳承關係同前。鑒於文中有「此五者果真有始有終不變如一，方可將全體大用之功授之與徒，也明矣。於前於後代代相繼皆如是之所傳也。」係權威口氣，可視為王宗岳傳蔣發之戒語。

結論：張三豐為便於太極拳廣傳於世，以儒教之禮戒傳王宗岳，王宗岳再下傳。此定張三豐傳亦可，定王宗岳傳亦可。

4. **拳訣**。《十三勢歌》，起句為「十三總勢莫輕視」，尾句為「枉費工夫貽嘆息」。趙堡傳人注「王宗岳著」（見《武當趙堡三合一太極拳》），楊式、武式傳人則無作者。

分析：傳承關係同前，唯武式由武禹襄得之於陳清平，但追其源頭均來自王宗岳。

結論：按《張三豐太極煉丹秘訣》收有此《十三勢歌》全文，當為張三豐著。

5. **拳訣**。《打手歌》，起句為「掤、攦、擠、按須認真」，尾句為「沾、連、黏、隨不丟頂」。趙堡傳人注為「張三豐著」（見《武當趙堡傳統三合一太極拳》），楊式傳入注為「王宗岳修訂」（見趙幼斌、路迪民著《楊式太極拳正宗》），武式傳人則無注明（見永年國際太極拳聯誼會

所編《從古城走向世界》「古譜選萃」）。

分析：傳承關係同前。據前述《打手歌》歸於張三豐《太極十三勢歌》之後，可見趙堡注「張三豐著」無誤。而由王宗岳或蔣發將此六句歌單列為《打手歌》相傳。楊式傳人誤為「王宗岳修訂」。武式不知作者，故存而不論。

結論：《打手歌》為張三豐《太極十三勢歌》之附加部分，係張三豐著。

6. **拳訣**。「周身舉動說」，起句為「一舉動，周身俱要輕靈」；尾句各家不一。趙堡為「周身節節貫穿，無令絲毫間斷耳」；楊式則有句段的轉換，為「斯其根自斷，損壞之速乃無疑」（兩家文字不等）。趙堡注為「王宗岳著《太極拳論》」（見《武當趙堡傳統三合一太極拳》，楊式加歌訣注為「武當張三豐著（指歌訣──作者按），山右王宗岳解」。

分析：均係傳承過程中張三豐拳經被支解講授並經傳抄致誤。

結論：「周身舉動說」歸入《張三豐太極煉丹秘訣》而列入《太極拳法訣》之中，係張三豐著無疑。

7. **拳論**。「長拳說」，起句為「長拳者，如長江大河，滔滔不絕也」，尾句為「進、退、顧、盼、定，即金、木、水、火、土也」。趙堡傳人注為「王宗岳著《十三勢》」（見《武當趙堡傳統三合一太極拳》），楊式傳人注為「山右王宗岳解」（見《楊氏太極拳正宗》），但兩家傳譜之後均附批注有「此係武當山張三豐老師遺論，欲天下豪傑延年益壽，不徒作技藝之末也」句。

分析：傳承關係同前。但在傳承過程中，張三豐原著被

支解（或為保密之故，或為分段傳授之故），以致後人誤解，又不敢定論，故有批注之矛盾。

結論：「長拳說」歸入《張三豐太極煉丹秘訣》而列入「太極拳法訣」之中，亦係張三豐所著。

其實，因為道門傳拳不傳丹的原因，太極拳由道門傳於民間的張三豐拳經比道門後來能收藏的張三豐拳經要多得多，不過多散於各派，都未能得其全。而民間流傳則少道門張三豐之丹訣。這也恰恰是客觀歷史現象之印證。

第六節　「以技擊為末學」是不是
忽視太極拳的技擊作用

「以技擊為末學」是不是忽視太極拳的技擊作用？回答是否定的。而且，如果將此作為一張護身符、擋箭牌，來為遮掩功夫既不到家、又欲誇天下第一的虛偽門面，那將是十分可笑的。

可以這樣認為，不具備技擊作用的太極拳，不是全能的太極拳；而不具備高超技擊作用的太極拳，也不是高層次的太極拳。

關於太極拳的技擊效用，明末、清初著名學者黃宗羲云：「有所謂內家者，以靜制動，犯者應手即仆。」其子黃百家（南派太極拳傳人，事師王征南）亦云：「張三豐既精於少林，復從而翻之，是名內家。」還有清曹秉仁云：「內家……其法主於禦敵，非遇困厄而不發，發則所當必靡，無隙可乘……」這些論述乍聽起來，似乎讓人感到有些帶門派誇耀色彩。但仔細想起來，必是事實。因為，武術是物質性

的表現藝術，摸得著、看得見，單憑吹噓誇張是斷斷不可立足的。尤其是古代歷史上，真功夫都是比試較量出來的，而不是吹出來的。它要得到武林的普遍承認方能成一家之言。而且，太極拳高層次技擊功夫，在當代也是屢聞不鮮的。由此可見，太極拳不但有技擊作用，而且其作用特別強。這決不是忽視技擊作用可能形成的效果。

太極拳非但不忽視技擊作用，而且，它對技擊作用的研究和發揮都是極其充分的。概括起來，它對技擊作用的發揮，依其內家要旨，具有五個方面的突出特徵和優勢。

一、「不敢為天下先」的戰略思想

太極拳處處尊道而行，它以「反者道之動」的原則構築了自己「守柔處雌」，「不敢為天下先」的戰略思想。這種思想初看起來好像很可笑，世上只有以強勝弱、以雄壓雌，處於柔弱退讓的地位還有勝利的可能嗎？

回答是肯定的。

道家哲學認為，萬事萬物無非陰陽演化而已。陰陽就是「太極」大統一中的兩個相對立的矛盾。它們總是互相轉化的。「大曰逝，逝曰遠，遠曰返，返曰道。」事物的轉化是一個圓，就像地球的子午線，從 A 點筆直走下去，最終還會返回 A 點。道家鼻祖老子由於對道有著精闢認識，所以他最講辯證的看待事物。他認為「禍兮福所倚，福兮禍所伏」。真理絕對了就變成謬誤，任何事物都有相對的一面。如他講戰爭：「亢兵相加哀者勝。」兩軍交戰為什麼「哀」者還能勝？其一，哀者是被侵略者，被侵略者的反侵略之戰

是正義之戰，最能喚起民心；其二，反侵略之戰最能表現大無畏精神；其三，侵略者總是心虛的，缺乏頑強堅定的戰鬥精神。所以，這幾個因素加起來，哀者最終倒是勝利者。

「守柔處雌」，「不敢為天下先」的戰略思想是道家受水性的啟發而得的。老子認為，天下最柔弱的莫過於水，最卑下的也莫過於水。然而，最堅強的勝利者也是水。堅硬的金屬遇水會慢慢腐蝕殆盡，堅硬的岩石也會被柔弱的水沖刷得改變形狀。不單如此，不敢為天下先還在於能時時檢查自己的缺陷和不足。

這樣一來，自己的缺點會隨時得到改正。而如此謙虛和謹慎對待驕傲的對方，驕傲的對方的缺陷就會暴露出很多。以我之優勢對待敵人的劣勢，當然必勝無疑。謹慎和退讓態度又是冷靜的，這樣不獨能把握自我，也能清醒地觀察對方，能獲「寂然不動，感而遂通」之奇用。

總之，不敢為天下先是以主動的方式將自己處於被動的局面，一切服從對方，把對方施展的攻擊力如數還給對方，以出奇制勝。

二、「後發先至」的戰術原則

遵照「不敢為天下先」的戰略思想，太極拳法在戰術上的原則是「後發制人」。這與老子在《道德經》中所講「無為而無不為」、「我惟不爭，故天下莫之能爭」的理論觀點是有血緣關係的。太極拳論有「不敢進寸而退尺」，「彼不動，己不動，彼微動，己先動」之說。

「後發先至」的戰術原則具有高妙的戰術意義。因為，

彼先動我未動的時候，並不是我不能動，而是彼動我未動這段時間內，給了我審候時機作好應付的時間。彼已動，他的虛實都呈現出來，我則可以靜以觀之，避實乘虛進行還擊。而彼動我未動，彼卻不知我的虛實，會像狗咬刺猬無處下口，此即形成「人不知我，我獨知人」的局面。我雖「不敢為天下先」，卻因「敢為天下先」的對方處處失利，硬將我逼成「後發先至」而成為「天下先」。如《太極拳淺說》言：「太極拳以不先發動為主，遇敵來擊，先以化勁化之，待其不穩，從而擊之則用發勁。」又如太極拳的《八字法訣》云：「三換二攦一擠按，搭手遇掤莫讓先，柔中有剛攻不破，剛裡無柔不為堅。避人攻守五行體，七星八卦用為先，妙在全憑能借力，引進落空奧無邊。」

說到底，「後發」在於引進落空，更有把握地快速「先至」，以還擊對方，不戰則已，戰則必勝。

三、「輕靈圓活」的技擊方法

太極拳法從學到練到實用技擊，「輕靈圓活」是一貫的。講柔化，講順氣養氣，講氣沉丹田，堅決摒棄勇猛剛強。練拳時要求「一舉一動，周身俱要輕靈，尤須節節貫串，神宜鼓蕩，氣宜內斂」，「精神能提得起，則無遲重之虞，所謂頂頭懸也。意氣須換得靈，乃有圓活之趣，所謂變動虛實也。」「氣以直養而無害，勁以曲蓄而有餘」，「內固精神，外示安逸。邁步如貓行，運動如抽絲。全身意在精神，不在氣，在氣則滯。有氣者無力，無氣者純剛。氣如車輪，腰如車軸。」

總之最忌用力，務使全身大到四肢百骸，小到每個細胞都鬆開，使氣血無不暢通貫注，日久自然練成內勁。這種內勁很柔和，遇敵也不含抵抗性，能隨敵勁以為伸縮。但這種柔含有內力，就像一根彈簧鞭，彈性很大，「外操柔軟，內含剛強」。在技擊中會借助對方的來力又將對方彈發出去。這就是所謂的「以柔克剛」，「以四兩撥千斤」。

　　由於貫徹「輕靈圓活」的技擊方法，所以在技擊中，身法似游龍飛鳳，輕快似風。手法則隨心而動，擊出似閃電，出手不見手。步法當隨心踩步，步走奇正八方，罡步九宮，使對方迎之不見其首，隨之不見其後。心理上要求坦蕩、清靜、自然，面前有人作無人。不怕近，不怕猛，不怕剛，審時度勢，以俟戰機。做到「彼不動，己不動，彼微動，己先動」。以最敏捷的反應出其不意而制勝。技擊中進、退、轉、側、升、降，要求頸、脊、腰、肩、肘、腕、膝、胯、踝都能靈活運轉，達到不是轉圈勝似轉圈的程度，即所謂「如珠走玉盆，九轉還原」。

　　太極拳「輕靈圓活」的技擊方法和效果，是以深厚的內功基礎為顯現的。沒有精、氣、神的三花聚頂，沒有意到形起、形起力發、力發神貫的上乘內功功夫，「輕靈圓活」是難達到的。發勁時，也就難以達到柔軟似綿，實則堅硬如鐵的效果。

　　總之，能得「輕靈圓活」之妙，迎戰時則能以變應變，隨境而化；隨意而變，隨心所欲；似攻似守，似發似收。猶如水之無所不至，氣之無所不入，抽絲之連綿不斷，迎敵則無所不適，克敵則無堅不摧。

四、「貴化不貴抗」的技擊效果

「貴化不貴抗」的技擊效果，是太極拳的追尋目標。這是由武當拳派的道德觀念所決定的。

什麼是「抗」呢？即是敵我雙方相互接觸後緊緊咬住不放。一方想以最大的力把另一方打出去，或欲尋另一方的要害給以致命打擊，而另一方則竭盡全力抵抗住對方，甚或也想尋機置對方於死地。到頭來，若一方慘敗，勝者亦精疲力盡，或者兩敗俱傷。這種情況，在現在的太極拳推手中叫做「頂牛」。

什麼叫「化」呢？太極拳中的「化」即是化解，也就是回避矛盾衝突，並使矛盾得到解決。在實際技擊中，對方攻來，我不是正面抵抗還擊，而是以圓旋的轉動給對方留下一個空間，引對方進來落於這個空間中，我再以對方的來力大小將其把握得分毫不差時，以槓杆之力把對方發出去。

貴化不貴抗，重在貴化。所謂貴化，對方欲制我而制不住，但我卻可以將對方發出去。並可一而再、再而三地重複這樣做，致使對方心悅誠服地不再爭鬥為止。由此看來，化，不單是技擊的化解，目的還在於心理感情上的化解。

最奇妙的是，太極拳的高手們能在技擊中以化寓發，能將對方打出丈外之地，有時被擊者還是騰空翻轉被打出。雖言被打，又打出丈外，但對於被擊者來說，不但不會受到損傷，而且還感到猶如墜入五里雲中一般，暈暈乎乎的。然而，對於太極拳高手來說，有時將對方發出很遠，而自己還不覺察，純屬無意之中的事。這是功夫練到很深時，周身有

一團自己感覺不到但具有很強力量的渾圓之氣場，外物只要接觸到這種渾圓之氣場即會瞬間產生反應，以旋轉之動將外物反彈出去。古拳論中講「打人不露形」、「犯者應手即仆」就是這種高級技擊功能的初階，只要循徑而入，到時自會豁然貫通。

五、「一層功夫一層水平」的技擊效應

太極拳的一招一勢無不含技擊作用。就是在一招一勢由始到終的運動線每一切點上，都可以發揮出技擊效用。當然，武技功夫都是由低到高的層次遞進過程，太極拳也不例外。但是，作為表現內家特徵的太極拳，它卻可以顯示：低層次有低層次技擊妙用，高層次有高層次技擊妙用。

這裡所謂層次高低，是指太極拳始終以內功為基礎，但低層次的內功並不紮實雄厚，所發揮的技擊效用主要是後天生理功能的最佳體現。

這裡所謂高層次，是指專以內功打人的技擊功夫，即「觸之即發」、「打人不露形」的高層次。這內功就是丹田元氣的運轉之力。具有高層次功夫者，由於由內達外無處不通暢，丹田元氣的運轉也就無處不及，來犯者只要觸及有功者的皮膚，即會被元氣的運轉力反彈出去，無須思維反應過程。功夫若再進一步，丹田元氣還會在人體外形成運轉保護場，來犯者只要觸及這個運轉保護場，即使不接觸身體，也可以將來犯者發出去。

高層次的內功還可以內氣、場力的爆發形式出現，這即是「哼哈」二音的發聲。「哼」音主沉、主內聚，使內氣緊

縮，可使來犯者發力的接觸點落空，導致身體失重；接著「哈」音輻射爆發，以內氣場力將來犯者彈擊出去。

太極拳技擊功夫的由低到高之間，還有過渡層次，都可體現一層功夫一層技擊的效應。

細論起來，任何一門武技何嘗不也是可以體現一層功夫一層技擊效果，何獨太極拳，何獨內家拳。但分析道理，太極拳、內家拳的低高層次，不是指技術操作的強化程度和熟練程序（當然從某種意義講也是必要過程），而是內功的虛實、強弱程度。這也是與外家的區別之處。

由上可見，太極拳雖信奉「以技擊為末學」，卻並不忽視技擊作用，相反極重視技擊作用。它所信奉並提倡「以技擊為末學」，一是出於道德觀，二是出於養生之旨。在道德觀指導下，人與人應該建立和平友愛，何必去爭鬥戰爭；在養生宗旨指導下，凡戰爭不傷己必傷彼。「以四兩撥千斤」，還須耗傷我之「四兩」。於養生無益，何必呢？

當然，即使是「末學」，也是「學」，也不能不學。人世間有正義，就有非正義。有好人，就有壞人。好人不犯人，壞人還會犯好人。所以，道家要普濟眾生，揚善化惡，伸張正義，沒有高超的武技當然不行。這如同今日之世界製造核武器，只能威懾之用，是「一日不可忘記戰爭」，而但願「百年不一用」而已。

第七節 「突出技擊作用」是不是太極拳的目的

突出技擊作用是不是太極拳的目的？對於這個問題，需要辯證地回答。

例如，初學太極拳，首先不考慮如何調身、調息、調心，而首先卻想著怎樣技擊打人，這種人十有八九心術不正。這些人的心態無非是：學好技擊術以圖能闖蕩江湖，立名稱霸，出人頭地；學好技擊術可以在社會上橫行霸道，為非作歹……十之一二才想著匡扶正義，除暴安良。凡有不正之心術者，學太極拳就不重視養生不養生，所以在行功走架中自然不肯在「三調」上下功夫。因為，心不調之於靜，氣不能沉；氣不調之於沉，身不能鬆；身不能調之於鬆，形式不能正；形式不能正，內外則不統一，精、氣、神不能結合。太極拳所有的要領也就難以達到（就連心正之人要達到全部要領亦談何容易）。因此欲達到很高技擊水平是困難的。何況，歷來老師發現這種心術不正的人，也自然不會很好的教他，更不會教他關鍵奧妙的東西。從這點講，他也便不可能掌握較高的技擊技能。

內家的功夫和外家功夫不同，靠心練、精練。即所謂一層功夫驗證一層理，一層理論指導一層功夫。所以說，心術不正者難合其理，難合其理也難進一層功夫。連愚魯之人也不例外。所以說，古代江湖武林中，真正的內家高人，無不是道德高尚和智慧穎悟者。

如果說，為了匡扶正義、除暴安良之動機來學太極拳之技擊，必是心態光明正大，必有堅毅之意志，高遠之視野，君子之道德，博大之胸懷。當他知道「三調」之重要，欲速則不達時，就會有恆心、耐心、專心，去認真學練、體悟，逐步掌握全部要領。老師對這種人也願意傾囊而授。這種人當然可以達到很高的技擊功夫。

從這裡我們首先可以看出，突出技擊作用與目的是有關係的。不問目的何在，便去高談突出技擊作用，將會偏太極拳的宗旨，也將導致太極拳推廣普及的狹隘化。

從前述情況看，不講道德觀念而追求突出技擊作用，不是太極拳的目的。

而從另一方面看，太極拳發展到今天，社會文明的進步，使它的實戰技擊意義有所削弱，養生價值得到重視。然而，由於現代體育競技運動的發展和競爭，和防身禦敵、除暴安良仍具有一定的現實意義。那麼，從這個意義上突出太極拳的技擊作用，仍具有現代太極拳的一種使命。當屬太極拳發展一個側面之目的。這種目的就應肯定。在競技場上，別人給你一拳；在黑夜小巷裡，歹徒拿刀往你脖子上砍；在山林裡，野獸向你凶猛撲來，你就不能光喊「我是太極拳高手，我要以德為先」的口號，這時要的是「錐嘴鍛磨——實打實（石打石）」的功夫。你必須交手，你說你「貴化不貴抗」，這時你就要顯出真化，而不是迴避；你說你能「以柔克剛」，「四兩撥千斤」、「打人不露形」、「犯者應手即仆」，這時都要「雨打石板——見點點」。不然，你就是空談家而不是太極拳技擊家。

太極拳在古代，由於熱兵器未出現和極少出現，作為具

有實戰用途的太極拳，它的技擊作用之重要是絕對沒有被忽視的。例如，流行於南北朝時期的程氏太極拳，便被用來訓練士兵，例如，清初許多反清復明義士身懷內家絕技，有些直接是身懷絕技的武當道士，他們之所以敢於參加這些活動，內家實戰技藝的高強當是不可忽視的重要條件。歷代一批太極高手能在一方武林享有威望，能使外國力士折服，能在一帶商旅線上開出通途，無不是技擊作用所呈現的威力。

就現代體育競技而言，太極拳要走向世界，躋身於搏擊體壇，就必須展示其獨特的技擊方法，發揮其獨特的技擊優勢，不但應與世界流行的各種搏擊術抗衡，甚而能勝出一籌，方能有立足的機會。否則，它就只能作為表演藝術和養生健美體操侷限於表演場上、公園裡。充其技擊分量，也只能處在推來推去、爭來爭去的民間。它那高超的技擊作用也就只能停留在古書裡和傳聞中。

就此而言，突出太極拳的技擊作用也是當代所應提倡的一大目的。就筆者所知，武當趙堡太極拳重要傳人之一的宋蘊華先生，已在香港創辦了「國際太極易拳道」，旨在發揚光大太極拳搏擊術，以使其早日步入國際體壇。該武術團體打破傳統秘傳模式，實行科學化教學，提倡奧林匹克公平競爭原則，實行九段位考核，以促進並檢驗學生的實際技擊水準。這一舉措，無疑為太極拳邁向國際化開闢了一條新路。

然則從太極拳的本體出發，我們所應持的態度是，突出太極拳的技擊作用，同樣也應重視它的養生作用。因為，不重視養生效用的太極拳，恰恰是不能最好發揮技擊效用的太極拳。

（譚大江）

後　記

　　記得那是 1991 年 5、6 月間，鄭瑞老師從西安給我寄來了他的趙堡太極拳資料，請我幫助整理成書稿，計劃在香港出版。

　　雖然當時這些資料較為零散，但從我對資料的接觸中卻發現了它的獨特珍貴之處。那就是這些資料，從歷史源流到具體內容，都涉及到了道學和內丹養生術，最接近太極拳的原始要旨。由此可以看出，鄭瑞老師的令尊鄭悟清先生當年學練太極拳、傳授太極拳都是領略到了它的實質，而且有很深的體悟和造詣。而這些在當今的太極拳界已不多見和被忽略掉了。

　　雖然當時我對內丹養生的研究與實踐已有十餘年時間，也屬於一個入門不久的趙堡太極拳愛好者，但要能準確把握和反映一代宗師鄭悟清先生的拳藝理論思想，並正確介紹趙堡太極拳的歷史淵源，也確非易事。此後我列出題綱，提出撰寫設想，反覆與鄭瑞老師寫信徵求意見，在他的誠懇託付和鼓勵下，數易其稿，用了大半年時間，才終於完成此稿。並且用繁體字寫就。

　　誰想此書稿後來在出版過程中竟歷盡磨難與波折。我與鄭瑞老師從 1992 年到 1998 年各自賣命奔波七年，皆化泡影。我直擔心，鄭老師已八十多歲高齡，在生前不能見到此

書出版，那不僅是他老人家的遺憾，也將是太極拳界的一大遺憾，更是我這當晚生的慚愧。

　　現承蒙人民體育出版社大力支持出版該書，我的心情特別激動，由衷代表鄭瑞老師道一聲：謝謝。亦藉此告慰趙堡太極拳一代宗師鄭悟清先生的在天之靈。

　　由於本人畢竟是個一般的趙堡太極拳愛好者，在該書的整理中難免有些欠缺之處，誠祈讀者多提寶貴意見。

譚大江

1999 年 3 月於武當山下

彩色圖解太極武術

定價220元

定價220元

定價220元

定價220元

定價350元

定價350元

定價350元

定價350元

定價350元

定價350元

定價350元

定價350元

定價350元

定價220元

定價220元

定價220元

定價350元

定價220元

定價350元

定價350元

定價220元

定價220元

定價220元

導引養生功

全系列為彩色圖解附教學光碟

張廣德養生著作　　每冊定價350元

定價350元

定價350元

定價350元

定價350元

定價350元

定價350元

定價350元

定價350元

定價350元

定價350元

輕鬆學武術

定價250元

定價250元

定價250元

定價250元

定價250元

定價250元

定價250元

定價250元

定價280元

定價330元

太極跤

定價300元

定價280元

定價350元

養生保健　古今養生保健法 強身健體增加身體免疫力

定價250元

定價250元

少林醫療氣功精粹
定價250元

椎形實用氣功
定價220元

魚躍鶴翔強身氣功
定價220元

道家玄牝氣功
定價200元

儒家秘傳練功術
定價160元

少林十大鎚身功
定價180元

中國自控氣功
定價250元

醫療防癌氣功
定價250元

醫療強身氣功
定價250元

醫療點穴氣功
定價250元

中國八卦如意功
定價180元

正宗馬號氣功
定價420元

道家築體內丹功
定價300元

三元氣功
定價250元

防癌治療新氣功
定價180元

道忽門氣功修練
定價200元

顛倒之術
定價360元

簡明氣功辭典
定價360元

八卦三合功
定價230元

朱砂掌健身養生功
定價250元

抗老功
定價230元

康復按穴道百病法
定價250元

健身祛病小功法
定價200元

張氏太極氣元功
定價250元

中國少林禪密功
定價200元

郭林新氣
定價400元

太極
定價280元

現代原地太極功
定價400元

定價300元

定價300元

太極內功養生法
定價180元

無極養生功
定價200元

小周天健康法
定價200元

易筋經
定價350元

沈題經
定價400元

精功易筋經
定價200元

定價280元

健身法
定價200元

養生導引術
定價180元

養生長壽功
定價200元

太極拳內功養生心法
定價280元

意拳
定價280元

靜坐要訣
定價200元

歡迎至本公司購買書籍

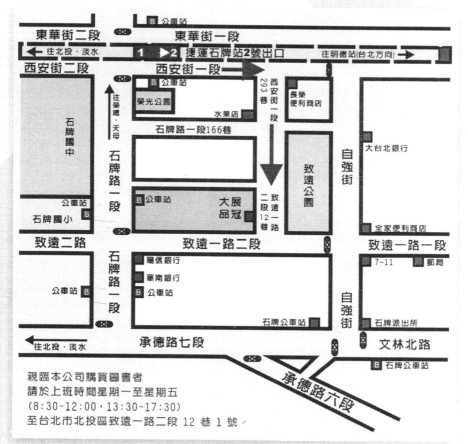

親臨本公司購買圖書者
請於上班時間星期一至星期五
(8:30~12:00，13:30~17:30)
至台北市北投區致遠一路二段 12 巷 1 號。

建議路線

1.搭乘捷運・公車
　　淡水線石牌捷運站下車，由石牌捷運站２號出口出站(出站後靠右邊)，沿著捷運高架往台北方向走(往明德站方向)，其街名為西安街，約走100公尺(勿超過紅綠燈)，由西安街一段293巷進來(巷口有一公車站牌，站名為自強街口)，本公司位於致遠公園對面。搭公車者請於石牌站(石牌派出所)下車，走進自強街，遇致遠路口左轉，右手邊第一條巷子即為本社位置。

2.自行開車或騎車
　　由承德路接石牌路，看到陽信銀行右轉，此條即為致遠一路二段，在遇到自強街(紅綠燈)前的巷子(致遠公園)左轉，即可看到本公司招牌。

國家圖書館出版品預行編目資料

武當趙堡太極拳小架 / 鄭悟清傳授 鄭瑞 譚大江編著
－初版－臺北市：大展，2002【民91】
面；21公分－（武術特輯；47）
ISBN 978-957-468-163-1（平裝）

1. 太極拳

528.972　　　　　　　　　　　　　91014872

武當趙堡太極拳小架

傳 授 者／鄭　悟　清
編 著 者／鄭　瑞　譚　大　江
責任編輯／阿　　　林
發 行 人／蔡　森　明
出 版 者／大展出版社有限公司
社　　址／台北市北投區（石牌）致遠一路2段12巷1號
電　　話／(02) 28236031・28236033・28233123
傳　　真／(02) 28272069
郵政劃撥／01669551
網　　址／www.dah-jaan.com.tw
E-mail／service@dah-jaan.com.tw
登 記 證／局版臺業字第2171號
承 印 者／傳興印刷有限公司
裝　　訂／承安裝訂有限公司
排 版 者／弘益電腦排版有限公司
授 權 者／北京人民體育出版社
初版1刷／2002年（民91年）10月
初版2刷／2010年（民99年）　5月　　　　　　　定價／250元

大展好書　好書大展
品嘗好書　冠群可期

大展好書　好書大展
品嘗好書　冠群可期